CITY GUIDE

Prag

von Gunnar Habitz und Dagmar Metzger

Auf der hinteren Umschlaginnenseite finden Sie einen ausfaltbaren Stadtplan.

Inhalt

1 Willkommen in Prag 4

2 Chronik
Daten zur Stadtgeschichte 6

3 Stadttour
Ein Rundgang durch Prag 10

4 Streifzüge
An den Ufern der Moldau 18
Vornehme Schlösser und erhaltene Burgen 20
Böhmische Dörfer und mittelalterliche
Städte 22
Gedenkstätte Theresienstadt 23

5 Vista Points
Museen und Ausstellungen 24
Burgviertel 30
Jüdisches Viertel 32
Architektur und andere Sehenswürdigkeiten 34

6 SERVICE
Anreise 52
Auskunft 54
    Fremdenverkehrsbüros 54
    Diplomatische Vertretungen 54
    Deutschsprachige Einrichtung 56
    Wichtige Rufnummern 56
Feiertage/Feste 57
Galerien 57
Geld/Devisen 58
Hinweise für Behinderte 59
Klima/Reisezeit 59
Nachtleben 59
Post 63
Presse/Radio/TV 63
Restaurants/Bierkneipen/Cafés/Teestuben ... 63
Shopping 72
Sicherheit 80
Sightseeing 80
Strom 81
Telefonieren 81
Tickets/Theater/Musik/Kino 82
Trinkgeld 87
Verkehrsmittel 87

7 SPRACHFÜHRER 90

Register 94
Bildnachweis und Impressum 96

◁ *In der Nerudova, der »Nabelschnur« der Kleinseite*

1 Willkommen in Prag

Prag hat so viele Attribute wie kaum eine andere Stadt in Europa: Es gilt mit seinen fast tausend Jahren als »Mutter der Städte« und steht mit seiner großen Anzahl gut erhaltener historischer Bauten als größtes Freilichtmuseum der Welt unter dem Schutz der UNESCO. Prag ist zweifelsohne eine romantische Märchenstadt, die ihren eigenen Charme mit kleinen Gassen, verwunschenen Gärten und alten Palästen bewahren konnte. Die »Hundertürmige Stadt« oder die »Stadt der goldenen Kuppeln« bietet dem Architekturliebhaber eine Mischung aus romanischen Bauten, gotischen Kirchen, prächtigen Renaissancepalästen, überladenen Barockbauwerken sowie herrlich verziertem Jugendstil. Prag gilt durch sein überschaubares Zentrum auch als größte Kleinstadt der Welt, dabei hat es 1,2 Millionen Einwohner und eine Fläche von 500 Quadratkilometern.

Der Titel »Kulturstadt Europas 2000« erinnert an Künstler wie Wolfgang Amadeus Mozart, Bedřich Smetana, Franz Kafka, Alfons Mucha oder den Astronomen Johannes Kepler, die in Prag gewirkt

haben. Literaturklassiker wie der brave Soldat Švejk oder Musikstücke wie »Die Moldau« von Smetana sind unvergessen. Die zahlreichen Bühnen bieten ein Angebot an Konzerten, Opernaufführungen und Musicals, das seinesgleichen sucht, und ebenso kommen Kunstliebhaber in Galerien, Antiquitätenläden und Buchhandlungen auf ihre Kosten.

In dieser dynamischen Stadt pulsiert ein reges Wirtschaftsleben und sorgte Anfang der 1990er Jahre für einen einzigartigen Aufschwung, der inzwischen im Stadtbild deutlich sichtbar ist. Neue Geschäfte und Lokale sind entstanden, und inzwischen haben sich die Besten auf längere Sicht etabliert. Über das Land des Bieres und der deftigen böhmischen Küche freut sich nicht nur der Gaumen – die zahlreichen Bierkneipen, Weinstuben und Spezialitätenrestaurants laden auch angesichts der günstigen Preise zur Einkehr ein.

Die Besucher können sich Prag so erschließen, wie sie es am liebsten mögen. Dabei werden sie sicherlich auch das verträumte, malerische Prag finden, dessen versteckte Schönheiten schon seit Jahrhunderten die Besucher begeistern. Und sie werden wie Kafka feststellen, dass Prag Krallen hat – man kommt bestimmt gerne wieder hierher!

Wenzelsplatz mit Nationalmuseum

2 Chronik
Daten zur Stadtgeschichte

6 000 v. Chr. Älteste Spuren menschlicher Besiedlung.

4. Jh. v. Chr. Der keltische Stamm der Bojen besiedelt das Gebiet des heutigen Böhmens, daraus entsteht der Begriff »Bohemia«.

6. Jh. Die ersten Slawen kommen zu Zeiten der Völkerwanderung unter ihrem Anführer Čech und siedeln sich nördlich von Prag in Höhe des heutigen Theresienstadt an.

9./10. Jh. Fürstin Libuše gründet gemeinsam mit ihrem Gemahl die erste böhmische Dynastie der Přemysliden. In einer Weissagung prophezeit sie den Bau der Burg Praha, deren Ruhm zu den Sternen reichen werde. Der erste geschichtlich nachgewiesene Herrscher Bořivoj I. wird getauft, aber erst während der Regentschaft Fürst Wenzels I. (921–35) wird Böhmen christianisiert; erste Klöster entstehen. Prag wird wichtige und reiche Handelsstadt.

11. Jh. Die Burg Vyšehrad wird abwechselnd mit der Prager Burg Herrschersitz. Vratislav II. erhält als erster böhmischer Herrscher die Königswürde.

12. Jh. Die Altstadt erhält Stadtrechte; die Kleinseite entsteht, später das Viertel um die Prager Burg.

14. Jh. Das »Goldene Zeitalter«: Prag wird unter Kaiser Karl IV. (1346–78) nach Rom größte Stadt (40 000 Einwohner) und politisch-kultureller Mittelpunkt Europas. Die Karlsbrücke entsteht an der Stelle der eingestürzten Judithbrücke; die Karlsuniversität wird als erste in Mitteleuropa gegründet. Karl IV. lässt ferner die Neustadt anlegen.

15. Jh. Die Hussiten erobern Prag: 1409 wird der Kirchenreformator Jan Hus Rektor der Universität und übersetzt die Bibel in die tschechische Sprache, die er grundlegend reformiert. 1415 wird er auf dem Scheiterhaufen in Konstanz verbrannt. 1419 erfolgt der »Erste Prager Fenstersturz«, als die aufgebrachte Masse katholische Ratsherren aus einem Fenster des Neustädter Rathauses stürzt. Die nachfolgenden Hussitenkriege enden nach 15 Jahren mit einer Niederlage der Hussiten.

./17. Jh.	Unter dem Habsburger Rudolf II. (1576–1612) erhalten die Protestanten das Recht auf freie Religionsausübung. Rudolf II. lässt Alchimisten am Goldenen Gässchen der Prager Burg ansiedeln und nach dem Lebenselixier forschen. 1618 löst der »Zweite Prager Fenstersturz« den Dreißigjährigen Krieg aus. In der Schlacht am Weißen Berg 1620 siegen die Katholiken endgültig über die protestantischen Stände.
7. Jh.	Prag wird durch die Arbeiten des Baumeisters Christoph Dientzenhofer und seines Sohnes Kilian Ignaz zur Barockstadt Europas. Die Pest wütet in Prag; ein Großbrand zerstört große Teile der Kleinseite.

rl IV. – Europäischer Herrscher von Format

CHRONIK: DATEN ZUR STADTGESCHICHTE

18. Jh.	Die Prager Burg wird unter Kaiserin Maria Theresia nach Wiener Rokoko-Stil umgebaut und erlangt ihr heutiges Aussehen. 1784 werden die bis dato selbstständigen Städte Altstadt, Neustadt, Hradschin und Kleinseite zur Großstadt Prag vereinigt (70 000 Einwohner). Mozart feiert 1787 einen großen Erfolg mit der Premiere seines »Don Giovanni«.
19. Jh.	Zeitalter des europäischen Nationalismus: 186 verlieren die Deutschen ihre Mehrheit im Stadtparlament. 1891 zeigt die nationale Ausstellung den hohen technischen Stand Böhmens als führende Industrienation.
1900	Prag gilt durch die rege Bautätigkeit im Jugendstil als »Paris des Ostens«.
1918	Gründung der Ersten Tschechoslowakischen Republik unter Präsident Tomáš Garrigue Masaryk
1939–45	Einmarsch deutscher Truppen in Prag. Gründung des Reichsprotektorates Böhmen und Mähren. Ermordung von 36 000 der 40 000 Prager Juden. 1942 wird der stellvertretende Reichsprotektor Heydrich bei einem Attentat ermordet. 1945 Befreiung des Landes zu zwei Dritteln durch die Rote Armee und zu einem Drittel durch die Amerikaner
1948	Beim »Dritten Prager Fenstersturz« kommt Außenminister Jan Masaryk ums Leben. Durch die Februarrevolution gelangen die Kommunisten für 41 Jahre an die Macht.
1960	Die Tschechoslowakische Sozialistische Republik (ČSSR) wird als föderalistischer Staat aus Tschechischer und Slowakischer Republik gegründet.
1968	Das sozialistische Reformprogramm (»Prager Frühling«) unter der Führung von Alexander Dubček wird durch den Einmarsch von Truppen des Warschauer Pakts am 21. August gewaltsam beendet; alle Reformen werden rückgängig gemacht.

Grabmal Antonín Dvořáks auf dem Ehrenfriedhof

CHRONIK: DATEN ZUR STADTGESCHICHTE

1977 Veröffentlichung der »Charta 77« als Protest gegen die Nichteinhaltung der Menschenrechtskonventionen. Die Staatsmacht reagiert mit Gefängnisstrafen und Berufsverboten.

1989 Im November werden friedliche Demonstranten auf dem Wenzelsplatz von der Polizei niedergeprügelt. Das löst die »Samtene Revolution« aus. Der Dramaturg und Schriftsteller Václav Havel wird zum ersten nichtkommunistischen Staatspräsidenten gewählt.

1990 Die ČSSR wird in Tschechische und Slowakische Föderative Republik (ČSFR) umbenannt. Das Bürgerforum gewinnt die ersten freien Wahlen; Alexander Dubček wird erster Parlamentspräsident.

1992 Das Ende der ČSFR: Die Tschechische und die Slowakische Republik entstehen.

1993 Prag wird Hauptstadt der Tschechischen Republik; Václav Havel wird Präsident der ČR. Durch die »Kuponprivatisierung« werden Staatsbetriebe teilweise privatisiert. Das Land erlebt einen wirtschaftlichen Aufschwung. Prag gilt als Szenestadt der 1990er Jahre.

1997 Der »Reformschüler« unter den ehemaligen Ostblockstaaten kommt wirtschaftlich ins Straucheln, doch die Hoffnung bleibt.

1999 Tschechien tritt wie Polen und Ungarn der NATO bei.

2000 Prag trägt den Titel »Kulturstadt Europas 2000«.

2002 Die große Flutkatastrophe beschädigt weite Bereiche der Kleinseite und anderer Stadtteile.

2003 Václav Klaus wird neuer Staatspräsident als Nachfolger von Václav Havel.

2004 Am 1. Mai tritt Tschechien der Europäischen Union bei.

Berühmter Prager: der »rasende Reporter« Egon Erwin Kisch

3 Stadttour: Ein Rundgang durch Prag

Hausfassade am Altstädter Ring

Vormittag
Wenzelsplatz (Václavské náměstí) – Altstädter Ring (Staroměstské náměstí) mit Rathaus (Staroměstská radnice) Jüdischer Friedhof (Starý židovský hřbitov) – Karlsbrücke (Karlův most).

Mittag
Hostinec
Na Kampě 15, Malá Strana
✆ 257 531 430, www.nakampe15.cz

Nachmittag
Aufstieg zum Hradschin und Besichtigung der Prager Burg – eventuell Rückfahrt mit der Metro A: Station Malostranská bis Muzeum.

Das Kartensymbol verweist auf die entsprechenden Planquadrate des Stadtplans.

G7

Wie bei VISTA POINT üblich, soll auch in Prag der Vorschlag für einen wohl dosierten **Rundgang** dem Besucher die Stadt erschließen. Abkürzungen, Schlenker, Seitenwege bleiben jedem natürlich selbst überlassen. Den Verlauf der Route finden Sie auf dem **separaten Stadtplan** rot markiert.

Weitere Informationen zu wichtigen, in den nächsten beiden Kapiteln beschriebenen Sehenswürdigkeiten finden Sie unter den **Vista Points** ab S. 24 ebenso wie zu den Highlights, die bei der Stadttour und den Ausflügen nicht vorkommen. Die Vista Points sind im **Stadtplan** mit einem pinkfarbenen ★ gekennzeichnet. Die deutschen Entsprechungen der tschechischen Eigennamen finden Sie im Register S. 94 f.

Stadttour
Ein Rundgang durch Prag

3

Manche Besucher fragen sich, wo wohl der berühmte **Wenzelsplatz** zu finden ist – und sind schon längst da. Der 682 Meter lange und 60 Meter breite ehemalige Pferdemarkt ist heute ein turbulenter Boulevard mit Läden, Restaurants, Hotels, Nachtclubs und Taxiständen. Zusammen mit den querlaufenden Einkaufsstraßen Na Příkopě, Na můstku, 28. října und Národní bildet er das »Goldene Kreuz«, das quirlige Geschäftszentrum Prags.

E/F 6/7

An seinen Seiten stehen einige der beeindruckendsten Jugendstilhäuser der Stadt, wie zum Beispiel das **Hotel Evropa** (Nr. 25). Mit seinem wunderschönen Café hat es sich zum Lieblingsplatz vieler Prager für ein (zweites) Frühstück entwickelt: Wenn hier der Stehgeiger seine herzzerreißenden Melodien spielt, fühlt man sich in die aufregenden 1920er Jahre zurückversetzt.

Am Ende des Wenzelsplatzes thront das **Nationalmuseum**, ein imposanter Neorenaissancebau, etwas weiter links daneben steht die Staatsoper. Die Reiterstatue des heiligen Wenzel vor dem Nationalmuseum ist seit dem Herbst 1989 Symbol für die »Samtene Revolution« in der damaligen

F7

Jugendstil pur im Grand Hotel Evropa und im Hotel Meran

STADTTOUR: EIN RUNDGANG DURCH PRAG

Imposanter Treppenaufgang im Nationalmuseum

Tschechoslowakei. Dort hatte sich zwanzig Jahre zuvor der Student Jan Palach aus Protest gegen die strenge Phase der »Normalisierung« nach dem Ende des Prager Frühlings selbst verbrannt. Und dort demonstrierten später die Regimegegner für Demokratie.

Der Wenzelsplatz und die ihn umgebenden Bauten gehören sicher zu den interessantesten

STADTTOUR: EIN RUNDGANG DURCH PRAG

Sehenswürdigkeiten in der Neustadt oder – um sich gleich an die gebräuchliche tschechische Übersetzung zu gewöhnen – in Nové Město. Die Neustadt war ebenso wie die Altstadt (Staré Město), das ehemalige jüdische Viertel Josefov, das Viertel um die Prager Burg (Hradčany) und die Kleinseite (Malá Strana) eine eigenständige Stadt. Erst im 18. Jahrhundert wurden diese historischen Viertel zur Großstadt Prag vereint.

Vom Wenzelsplatz führen enge Gässchen zum **Altstädter Ring** (Staroměstské náměstí), dem zweiten berühmten Platz in Prag. In seiner Mitte erhebt sich das mächtige Jan-Hus-Denkmal, das dort 1915 zur Erinnerung an den Reformator aufgestellt wurde.

D/E6

Vom 69 Meter hohen **Rathausturm** hat man einen fantastischen Blick auf das Dächergewirr der Altstadt und kann Straßenmusiker, Hobbymaler, Marktschreier, Hausfrauen mit Einkaufstüten und – natürlich – Touristen mit Kameras beobachten.

E6

Auf keinen Fall sollte man das Figurenspiel der **Astronomischen Uhr** am Rathaus versäumen. Zu jeder vollen Stunde tritt der Tod als Knochenmann heraus, und Christus und die zwölf Apostel ziehen

Altstädter Ring – der Treffpunkt für viele, auch wenn man auf den Stufen nicht mehr sitzen kann

STADTTOUR: EIN RUNDGANG DURCH PRAG

12 000 Grabsteine in zwölf Schichten

D5/6

D5/6

E5

Berühmter Panoramablick: von der Karlsbrücke zum Hradschin ▷

vorbei. Seit dem 15. Jahrhundert zeigt dieses technische Wunderwerk die Zeit, die Mondphasen, den Umlauf der Sonne sowie das Datum an.

Die Pařížská führt uns in wenigen Minuten ins ehemalige jüdische Viertel **Josefov**, die Josephstadt. Im 13. Jahrhundert als selbstständige Siedlung entstanden, erhielt sie ihren Namen Ende des 18. Jahrhunderts, als Kaiser Joseph II. die strengen Ghettovorschriften für Juden lockerte. In der Folge zogen viele wohlhabende Juden in andere Wohnviertel, das Ghetto verfiel, und 1893 wurde das historisch gewachsene Gassengewirr endgültig abgerissen. Übriggeblieben sind sechs Synagogen, das frühere Rathaus und eine der bedeutendsten jüdischen Gedenkstätten der Welt, der **Alte Jüdische Friedhof**, der ungefähr genauso alt ist wie die Astronomische Uhr. Aus Platzmangel begrub man die Menschen zwischen 1439 und 1787 auf dem Friedhof übereinander. Unter den Erdhügeln liegen bis zu zwölf Grabschichten.

Über die Křižovnická nähern wir uns dem bekanntesten Baudenkmal Prags, der berühmten **Karlsbrücke**. Bis 1842 war sie Prags einzige Brücke, die über die Moldau führte. Dreißig Heiligenstatuen und Figurengruppen aus Sandstein säumen den Fußweg zur Kleinseite (Malá Strana). In den Abendstunden ist der Blick über die Brückenbrüstung auf den Fluss besonders romantisch. Bezaubernd ist auch der erste Eindruck vom »Vorzimmer der Prager Burg«, wenn man über die Brücke spaziert: Enge Gassen und schiefe Häuschen, die sich

cA–
cC1–5

an den Berg drängen – die Kleinseite ist zweifellos das malerischste Viertel der Stadt.

Auf dem Weg hinauf zum **Hradschin**, dem Viertel um die **Prager Burg**, kommt man an vielen kleinen Geschäften, Kneipen und Restaurants vorbei. Vielleicht ist es nun Zeit für ein Prag-typisches Mittagessen: Böhmischen Rinderbraten mit Knödeln und frischgezapftes Bier serviert beispielsweise »Hostinec«, Na Kampě 15 (die vordere Bierstube im hellgrauen Haus).

Steil nach oben führt der Weg dann über schmale kopfsteingepflasterte Straßen zur Prager Burg. Sie ist übrigens im Guinness-Buch der Rekorde verzeichnet – als größte Burganlage der Welt. Man sollte sich mindestens einen ganzen Nachmittag für sie Zeit nehmen.

Durch das Tor mit den Statuen der »kämpfenden Giganten« kommt man in den Ehrenhof. Wer – vorbei an der Heilig-Kreuz-Kapelle mit der Schatzkammer – den zweiten Hof durchquert, steht plötzlich vor der steilen Fassade der prächtigen **St.-Veits-Kathedrale**. Fast 600 Jahre wurde an der gotischen Kathedrale gearbeitet: Erst 1929 beendeten tschechische Künstler den Bau. Sie benutzten dazu alte Pläne. Die beeindruckende Kirche mit ihrem fast 100 Meter hohen Turm ist nicht nur von außen sehenswert. Paradestück im Innern: der silberne Reliquienaltar des heiligen Johannes von Nepomuk im Südchor der Kathedrale. Er ist über und über mit Ornamenten verziert. Seine vier Hauptfiguren symbolisieren Verschwiegenheit, Weisheit, Kraft und Gerechtigkeit.

D3
cB2

Die prächtige St.-Veits-Kathedrale

STADTTOUR: EIN RUNDGANG DURCH PRAG

Goldenes Gässchen einmal leer

Die Wände der gotischen **Wenzelskapelle** sind mit böhmischen Halbedelsteinen und Malereien geschmückt. Oberhalb der Kapelle befindet sich die **Kronkammer**, in der die goldene Wenzelskrone aufbewahrt wird. Die Tür zur Kronkammer hat sieben Schlösser und kann nur mit allen sieben Schlüsseln gemeinsam geöffnet werden. Im Chor des Doms steht ein weißer Marmorsarkophag, das **Kaisergrabmal**. An der Ostseite des dritten Burghofs befindet sich der Eingang zum ehemaligen **Königspalast** mit dem mittelalterlichen **Wladislaw-Saal** im ersten Stock. Hier wurden schon die böhmischen Könige gewählt sowie Reitturniere veranstaltet. Heute nutzt man ihn für die Präsidentenwahl und bei Staatsbesuchen. Von seiner Terrasse aus hat man einen wundervollen Blick auf die Stadt.

Geht man vom Wladislaw-Saal über die Reitertreppe nach unten, erreicht man links den Ausgang zum Georgsplatz. Dort steht die bedeutendste, älteste und schönste romanische Kirche Prags, die **St.-Georgs-Basilika**.

Unser Rundgang endet in einer Sackgasse: Das **Goldene Gässchen** mit seinen bunten, dicht an dicht gedrängten Häuschen ist eines der beliebtesten Fotomotive, selbst wenn tagsüber ein kleiner Eintritt den Besucherstrom regelt. Goldmacher wohnten hier allerdings nie, statt dessen aber kurzzeitig der Schriftsteller Franz Kafka – im Haus mit der Nummer 22.

Ein Tipp: Über die Alte Schloss-Stiege erreicht man schnell die Metrostation Malostranská.

4 Streifzüge

An den Ufern der Moldau

Einen außergewöhnlichen Blick auf die Goldene Stadt bieten die **Dampfschiffe** auf der Moldau. Der langsam dahinfließende Strom hat einen ganz besonderen Reiz: Wenn auf den Wellen die Sonne glitzert, versteht man, warum Bedřich Smetana (deutsch: Friedrich Sahne) diesem Fluss eine so zärtliche musikalische Liebeserklärung geschrieben hat. Aber Smetanas vertonte Beschreibung des Flussverlaufes ist »Historie« im zweifachen Sinn: »Die Moldau« entstand als Teil der symphonischen Dichtung »Mein Vaterland« in den Jahren 1874–79. Der damals wilde Fluss wurde durch Stauschwellen beruhigt und windet sich heute auf einer Länge von etwa 30 Kilometern durch Prag bei einem Höhenunterschied von elf Metern. An den Ufern laden zahlreiche Wege und Plätze zum Spaziergang oder Ausruhen ein. Außerdem befinden sich innerhalb des Stadtgebietes 17 Brücken und einige Inseln oder Halbinseln. Die bekannteste ist sicher die Halbinsel Kampa, das »Prager Venedig«, auf der sich schon früher zahlreiche Künstler niedergelassen haben.

Prager Brückenansichten

Klub Lávka am Moldauufer

Wer nicht nur am Flussufer entlang wandeln möchte, dem sei der Ausflug auf einem jener Schiffe empfohlen, die an der Čech-Brücke abfahren. Abhängig vom Wasserstand gibt es **Rundfahrten** in Richtung Vyšehrad, Barrandov, Zoo oder zum Stausee Slapy, einem beliebten Ausflugssee der Prager im Moldau-Tal und ein Tipp für alle, denen gerade im Sommer der Sinn mehr nach Sonnenbad und Schwimmen steht.

C5/D6

Eine Fahrt in den Stadtteil **Troja** (Praha 7) lohnt sich gleich doppelt: Da gibt es zum einen den Zoo mit den eigenartigen Prewalsky-Pferden und zum anderen das Schloss Troja. Der rot gestrichene Bau wurde nach dem Vorbild der römischen Villenarchitektur errichtet. Sehenswert: der französische Garten, der Kaisersaal und die Dauerausstellung mit tschechischer Kunst des 19. Jahrhunderts.

In Höhe der Kleinseite liegen einige Gärten und Parkanlagen, wo sich ein Spaziergang zu jeder Jahreszeit lohnt. Besonders der **Laurenziberg** mit seinen Grünanlagen ist ein beliebtes Ausflugsziel innerhalb des Zentrums: Am ersten Mai treffen sich hier unter der Statue des Dichters Karel Hynek Mácha die Prager Verliebten, um sich bei einem blühenden Baum zu küssen. Das bringt Glück: Die Schönheit der Frau hält ein weiteres Jahr an – davon kann man sich bei den Tschechinnen sehr wohl überzeugen.

E/F 3/4

Vornehme Schlösser und erhaltene Burgen

In der Umgebung von Prag lockt eine große Anzahl gut erhaltener Burgen und Schlösser, die teilweise unter dem Schutz der UNESCO stehen. Sie sind jedoch fast ohne Ausnahme nur von April bis Oktober geöffnet. Meist gibt es Führungen auch in deutscher Sprache. Die bei uns vornehmlich zu Weihnachten ausgestrahlten tschechischen Märchen spielen in der Regel in den böhmischen und mährischen Schlössern.

Das bekannteste Reiseziel ist zweifelsohne die südlich von Prag gelegene **Burg Karlstein** (Karlštejn), die von Karl IV. auf dem Gipfel eines 350 Meter hohen Kalksteinfelsens angelegte gotische Schatzkammer. Man kann sie mit dem Zug ab dem Smíchover Bahnhof oder mit dem Auto auf der R 4 in Richtung Strakonice gut erreichen. Ganz in der Nähe von Karlstein befinden sich die **Tropfsteinhöhlen Koněprusy,** die größten auf böhmischem Gebiet. Mit dem Auto lassen sich beide Ausflüge gut verbinden.

Frauenberg ist der deutsche Name für **Hluboká**, das vielleicht märchenhafteste Schloss Tschechiens. Es wurde als ehemalige gotische Burganlage im 19. Jahrhundert in Anlehnung an das englische Windsor Castle im Tudorstil umgestaltet und strahlt im Gegensatz zum Vorbild in sanftem Weiß. Es liegt in der Nähe von Budweis und damit 120 Kilometer oder gut zwei Autostunden von Prag entfernt in Richtung Süden – ein wahrlich lohnender Weg. »Dornröschen« und »Pan Tau« sind die bekanntesten tschechischen Filme, die auf Hluboká gedreht wurden.

Eine gut erhaltene Burganlage ist auch **Sternberg** (Český Šternberk) im Südosten von Prag, etwa eine Autostunde entfernt. Die gotische Burg des alten böhmischen Adelsgeschlechts liegt inmitten einer malerischen Landschaft auf einem Felsvorsprung über der Sázava. Dem Besucher bieten sich dort interessante Sammlungen, unter anderem Falken und andere Raubvögel.

Geheimtipps sind die Schlösser Lány, Křivoklát und Dobříš. Das **Schloss Lány** mit seinem großen Garten ist der Wochenendsitz des tschechischen Präsidenten, mit dem man dort gelegentlich auch über den Zaun hinweg plaudern kann. Gleich in der

Die gotische Schatzkammer Karlštejn ▷

Streifzüge: Vornehme Schlösser und erhaltene Burgen

Nähe steht die mittelalterliche **Festung Křivoklát,** in der im Sommer an den Wochenenden historische Ritterspiele und Fechtturniere veranstaltet werden. Im südlich von Prag nahe der R 4 gelegenen **Schloss Dobříš** arbeiteten einige der berühmten böhmischen Schriftsteller im Exil. Heute gehört es der Adelsfamilie Coloredo-Mansfeld und kann zu besonderen Anlässen gemietet werden.

bC4

bD5

Böhmische Dörfer und mittelalterliche Städte

Den Begriff der »böhmischen Dörfer« verwenden die Tschechen natürlich nicht, für sie sind es spanische. Jedoch sind manche Dörfer so malerisch und schön, dass sich ein Ausflug durchaus lohnt. Dort scheint die Zeit stehen geblieben zu sein. Ideal für solche Beobachtungen ist das so genannte »Böhmische Paradies« nordöstlich von Prag bei Jičín. Statistisch hat jede zweite Familie irgendwo auf dem Land ein Wochenendhaus (»chata«), um sich aus dem Stadtleben zurückziehen zu können.

bH5

Die vielleicht schönste Stadt nach Prag ist **Český Krumlov** (Böhmisch Krummau) nahe der österreichischen Grenze in Südböhmen. Der aufgrund der Entfernung etwas weite Anreiseweg lohnt aber durchaus: Die unter UNESCO-Schutz stehende mittelalterliche Stadt innerhalb eines geschwungenen Bogens der hier noch schmalen Moldau vermittelt eine urige Atmosphäre mit engen Gassen, hübschen Cafés, Ritterkneipen, Zigeunergaststätten und lauschigen Unterkünften. Inmitten Český Krumlovs thront das gleichnamige Schloss der Rosenberger mit seinem prächtigen Maskensaal, seinem Barocktheater und dem Terrassengarten.

bC8

Ebenfalls alt und klein ist **Kutná Hora** (Kuttenberg), etwa 60 Kilometer östlich von Prag und ziemlich exakt in der geographischen Mitte Europas gelegen. Dieser verschlafene Fleck war einst die zweitwichtigste Stadt des Gebietes, weil der Silberbergbau Kutná Hora seinerzeit reicher als London machte. Die Schächte können noch heute besichtigt werden, ebenso die außergewöhnliche gotische Kathedrale der heiligen Barbara, die auf-

Gute Laune dank Heilwasser

grund ihres eigenartigen Dachgewölbes eher an ein Zelt erinnert. Außerhalb von Kutná Hora macht das Beinhaus in Sedlec einen makaberen Eindruck: Alles im Inneren stammt von Menschenknochen.

Berühmteste Stadt nach Prag ist jedoch der elegante Kurort **Karlsbad** (Karlovy Vary), etwa 110 Kilometer westlich von Prag und gut 50 Kilometer vor der deutschen Grenze. Karlsbad gehört zum böhmischen Bäderdreieck und bietet hauptsächlich Trinkkuren an. Das Wasser aus der Quelle »Sprudel« kann bis zu 72 Grad heiß werden und ist besonders wirksam gegen Magen- und Darmbeschwerden. Aus Karlsbad stammen auch die Karlsbader Oblaten (wobei die Produktion heute in Marienbad liegt), das Karlsbader Porzellan und das bleifreie Kristallglas der weltberühmten Glasmanufaktur Moser.

Gedenkstätte Theresienstadt

Die ehemalige **Festung Theresienstadt**, erbaut in den Jahren 1780–90, gelangte im Zweiten Weltkrieg als Standort eines nationalsozialistischen Konzentrationslagers zu trauriger Berühmtheit: Bis zum Mai 1945 durchliefen 141 000 Menschen das unter der NS-Herrschaft als »Muster-« oder auch »Familienghetto« propagierte KZ, 35 000 wurden ermordet, nur 14 000 überlebten.

Theresienstadt war auch vor dem Zweiten Weltkrieg schon bekannt, denn die Anlage diente seit 1888 als Gefängnis und beherbergte den Attentäter von Sarajewo. Ab 1941 lautete die offizielle Bezeichnung »selbst verwaltete jüdische Gemeinde«, was in Wirklichkeit das größte Durchgangslager des Protektorats Böhmen und Mähren für Juden aus ganz Europa war.

Die heutige Gedenkstätte hält mit Dokumentationsfilmen und zahlreichen Exponaten, die z. T. noch von Überlebenden zusammengestellt wurden, die Erinnerung an die Opfer des Naziregimes in Theresienstadt wach. Neben den Dauerausstellungen in der »Kleinen Festung«, dem Ghetto-Museum und dem ehemaligen Krematorium werden in der Gedenkstätte auch Werke zeitgenössischer Künstler ausgestellt (vgl. S. 36).

5 Vista Points
Museen und Ausstellungen, Burgviertel, Jüdisches Viertel, Architektur und andere Sehenswürdigkeiten

---

In diesem Kapitel werden folgende Symbole verwendet:

 Sehens-
würdigkeit

 Restaurant

 Museum,
Kunstgalerie

 Musik,
Konzerte

 Theater

 Café

 Park

Die meisten der folgenden Vista Points befinden sich in den Stadtbezirken 1 und 2, ansonsten ist es im Text entsprechend gekennzeichnet. Geläufiger als diese Bezirke sind jedoch die Namen der historischen Stadtviertel: Staré Město (Altstadt), Hradčany (Hradschin), Malá Strana (Kleinseite), Nové Město (Neustadt) und das frühere jüdische Viertel Josefov (Josephstadt).

Museen und Ausstellungen

 Agnes-Kloster/Anežský klášter
Anežská 12, Staré Město
 ⓒ 224 810 628
www.ngprague.cz
Di–So 10–18 Uhr
Metro B: Náměstí Republiky
Das ehemalige Doppelkloster wurde 1231–34 gegründet und ist der wichtigste Bau der Frühgotik in der Stadt. Seit der Renovierung 1980 beherbergt das Gebäude die Sammlung tschechischer Malerei des 19. Jh. der Nationalgalerie.

Altstädter Rathaus mit Astronomischer Uhr
Vgl. S. 34.

 Dvořák-Museum/Muzeum Antonína Dvořáka
Ke Karlovu 20, Nové Město, Praha 2
✆ 224 923 363
www.nm.cz/mad
Di–So 10–17 Uhr
Metro C: I. P. Pavlova

In dem barocken Lustschloss »Villa Amerika« wird das Leben und Wirken des Komponisten Antonín Dvořák (1841–1904) nachgezeichnet; u. a. Originalpartituren des Künstlers.

 Jüdisches Museum in Prag
Vgl. S. 33.

 Kunstgewerbemuseum/ Uměleckoprůmyslovémuzeum
17. listopadu 2, Staré Město
✆ 251 093 111
www.upm.cz
Di–So 10–18 Uhr, Metro A: Staroměstská

Das »Umprum« beherbergt die größte Glassammlung der Welt sowie Keramik, Porzellan, Textilien und das Paradestück des Prager Kubismus: einen Toilettentisch, den Josef Gocár 1912/13 gestaltete. Interessante Sonderausstellungen. Allein das Gebäude mit seinem Deckengewölbe im Treppenhaus ist schon einen Besuch wert.

 Loreto-Heiligtum/Loreta
Loretánské náměstí 7, Hradčany
 ✆ 224 510 789
Di–So 9–12.15 und 13–16.30 Uhr
Straßenbahn 22: Pohořelec

In der Folge der Marienverehrung des 17. Jh. entstand dieses wohl bekannte Marienheiligtum im Auftrag von Benigna Lobkowitz. Mittelpunkt der typisch böhmischen Anlage ist eine Kopie der Casa Santa aus dem italienischen Loreto. In der Schatzkammer im ersten Obergeschoss des Westflügels befindet sich eine der bedeutendsten Sammlungen barocken Kunsthandwerks in Böhmen, darunter die »Prager Sonne«: eine Diamanten-Monstranz aus dem 17. Jh. mit 6 222 Steinen und mehr als 12 kg Gewicht.

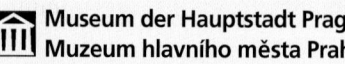
VISTA POINTS: MUSEEN UND AUSSTELLUNGEN

D8

Museum der Hauptstadt Prag/ Muzeum hlavního města Prahy
Na Poříčí 52, Nové Město
✆ 224 227 490
www.muzeumprahy.cz
Di–So 9–18, 1. Do im Monat 9–20 Uhr
Metro B, C: Florenc
Das städtische Museum wurde im 19. Jh. im Stil der Neorenaissance erbaut und zeigt gelegentlich Wechselausstellungen. Die meisten Besucher inklusive vieler Stadtplaner kommen jedoch wegen des Langweil-Modells: Anton Langweil hat in mühsamer Bastelarbeit in den Jahren 1826–37 das Zentrum Prags originalgetreu nachgebildet. Wer mit dem Stadtbild vertraut ist, hat bestimmt viel Spaß an dem Modell.

F7

Nationalmuseum/Národní muzeum
Václavské náměstí 68, Nové Město
✆ 224 497 111

www.nm.cz
Mai–Sept. 10–18, Okt.–April 9–17 Uhr
Jeden 1. Di im Monat geschl., jeden 1. Mo im Monat Eintritt frei
Metro A, C: Muzeum
Naturgeschichtliches Museum in einem Neorenaissance-Palast mit Sammlungen zur Zoologie, Mineralogie, Urgeschichte und Geologie. Beeindruckend sind nicht nur die Ausstellungsstücke, sondern auch das »Pantheon« – die zwei Stockwerke hohe Ruhmeshalle mit unzähligen Statuen berühmter Landsleute sowie herrlichem Ausblick auf den Wenzelsplatz.

Palais Lobkowitz/ Lobkovický palác
Vgl. S. 32.

D3

Palais Sternberg/Šternberský palác
Hradčanské náměstí 15, Hradčany
✆ 220 514 634
www.ngprague.cz
Di–So 10–18 Uhr
Straßenbahn 22: Pražský hrad
Schwerpunkt der hier beherbergten Nationalgalerie ist die französische, italienische und deutsche Kunst des 14.–20. Jh. Besonders stolz sind die Pra-

Die mächtige Kuppel des Nationalmuseums mit dem heiligen Wenzel ▷

ger auf das »Rosenkranzfest«: Der Verehrer und Sammler von Albrecht Dürers Kunst, Kaiser Rudolf II., brachte das Werk im 16. Jh. nach Prag.

🏛 Smetana-Museum/Muzeum Bedřicha Smetany
Novotného lávka 1, Staré Město
℡ 222 220 082
www.nm.cz/mbs
Tägl. außer Di 10–17 Uhr
Metro A: Staroměstská

Hier kann man persönliche Gegenstände (Originalhandschriften wichtiger Werke, Briefe und Bilder) des »Moldau«-Komponisten Bedřich Smetana (1824–84) sowie eine Musikinstrumentensammlung besichtigen.

👁 Städtische Bibliothek in Prag/ Městská knihovna v Praze
Mariánské náměstí 1, Staré Město
℡ 222 113 111
www.mlp.cz
Di–Fr 9–20, Sa 10–17 Uhr
Metro A: Staroměstská

Konzeptausstellungen tschechischer und ausländi-

Der Franziskanergarten als Oase inmitten der Neustadt

scher Künstler in den großzügigen Sälen eines neoklassizistischen Gebäudes aus den Jahren 1926–30; 1997 grundlegend modernisiert worden.

Technisches Nationalmuseum/ Národní technické muzeum

Kostelní 42, Holešovice, Praha 7
℡ 220 399 111, www.ntm.cz
Di–So 9–17, Führungen 11, 13, 15 Uhr
Metro C: Vltavská
Auf 6 000 m² Ausstellungsfläche befinden sich Sammlungen aus den Bereichen Verkehr, Astronomie, Zeitmessung, Fotografie und Film sowie Maschinen- und Bergbau.

Villa Bílek/Bílková vila

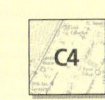

Mickiewiczova 1, Hradčany
℡ 224 322 021
www.citygalleryprague.cz
Mai–Okt. Di–So 10–18, Nov.–April Sa/So 10– 17 Uhr
Metro A: Hradčanská
František Bílek (1872–1941), einer der bekanntesten tschechischen Bildhauer, baute dieses Haus 1911 und richtete es nach seinen Vorstellungen als Gesamtkunstwerk ein.

Burgviertel

Zweifellos zählt die Prager Burg zu den wichtigsten Sehenswürdigkeit Tschechiens. Sie trohnt majestätisch über der Moldau und repräsentiert elf Jahrhunderte verschiedener Baustile in einer einzigartigen Anlage. Das öffentliche Burgareal kann durchwandert werden. Zur Besichtigung einer der Highlights lohnt es sich, ein **Kombiticket** links im St.-Veits-Dom zu erstehen. Ein Tipp ist die Begehung am Abend, fast menschenleer strahlt sie dann eine mystische Atmosphäre aus.

 Goldenes Gässchen/Zlatá ulička
Hradčany

Die berühmteste und wohl kleinste Gasse von Prag entstand durch die Bebauung einer Wehrmauer. Einst lebten hier die Alchimisten, anno 1916/17

VISTA POINTS: BURGVIERTEL

auch Franz Kafka in Nummer 22. Um den Besucherstrom in diesem Kleinod voller Souvenirläden in winzigen Häusern zu regeln, ist während der Saison tagsüber Eintritt zu berappen.

👁 Königliches Lustschloss Belvedere/ Královský letohrádek belvedér

Mariánské hradby, Hradčany
Nicht öffentlich zugänglich
Straßenbahn 22: Královský letohrádek

Der erste habsburgische Herrscher, Ferdinand I., ließ 1563 das Lustschloss Belvedere als Geschenk für seine Gemahlin Anna erbauen, die jedoch die Fertigstellung nicht mehr erlebte. Es zählt heute zu den schönsten Renaissancebauten außerhalb Italiens. Im Königsgarten direkt vor dem königlichen Sommerschloss zieht die »Singende Fontäne« die Blicke der Besucher an – ein aus Bronze gegosse-

Ballhaus im Königsgarten der Prager Burg

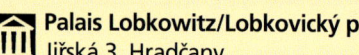

ner Brunnen, dessen Klang man unter dem gewölbten Brunnenbecken lauschen kann.

Palais Lobkowitz/Lobkovický palác
Jiřská 3, Hradčany
© 257 535 121
Di–So 9–17 Uhr
Straßenbahn 22: Pražský hrad
Das zweite der in Prag beheimateten Palais Lobkowitz beherbergt eine ständige Ausstellung zur Geschichte Böhmens von den Anfängen bis ins Jahr 1848.

St.-Georgs-Basilika und Kloster/ Bazilika a klášter sv. Jiří
Jiřské náměstí 5, Hradčany
© 257 320 536, www.ngprague.cz
Tägl. 9–16 Uhr, Straßenbahn 22: Pražský hrad
Die romanische Basilika ist eines der ältesten Bauwerke Prags, das Kloster beherbergt Teile der Nationalgalerie: Kunst der Gotik, Werke aus dem 14.–18. Jh., u. a. die Bildtafeln des ersten namentlich bekannten Malers, »Meister Theodorich«.

St.-Veits-Kathedrale/ Katedrála sv. Vita
Pražský hrad, Hradčany
April–Okt. tägl. 9–17, Nov.–März 9–16 Uhr
Straßenbahn 22: Pražský hrad
Tickets für die verschiedenen Sehenswürdigkeiten auf der Prager Burg sind im Dom (vorne links) erhältlich. Der im 10. Jh. errichtete Bau wurde zum Wahrzeichen Prags und ist die bedeutendste Kirche ganz Böhmens (vgl. S. 16 f.).

Jüdisches Viertel

Schon im 11. Jahrhundert entstand hier die erste Siedlung jüdischer Kaufleute. Das jüdische Ghetto war eines der größten seiner Art westlich von Jerusalem und beherbergt bis heute mit dem Alten Jüdischen Friedhof und der Altneu-Synagoge zwei besondere Sehenswürdigkeiten. Ende des 19. Jahrhunderts wurde das Ghetto weitgehend durch Gründerzeithäuser ersetzt, doch die wertvollen Gebäude wie das Rathaus und die Synagogen blieben. Ein Besuch könnte in der Maisel-Synagoge starten, denn hier kann man das Kombiticket dank kürzerer Warteschlangen schneller erstehen. Am Samstag ist das Viertel wegen des Sabbats geschlossen.

 Alter Jüdischer Friedhof/ Starý židovský hřbitov
U Stáreho hřbitova, Josefov
☎ 224 819 456, www.jewishmuseum.cz
Tägl. außer Sa und an jüdischen Feiertagen
April–Okt. 9–17.30, Nov.–März 9–16 Uhr
Metro A: Staroměstská
Mit den 12 000 erhaltenen Grabstellen ist der Friedhof eine der größten und bedeutendsten jüdischen Gedenkstätten. Weil die Bestattung innerhalb der Wohngebiete untersagt war, wurden die Toten von 1439–1787 in zwölf Schichten übereinander beigesetzt. Berühmt ist das Grabmal des Rabbi Löw, dem man die Erschaffung des legendenumwobenen Golem zuschreibt.

 Jüdisches Museum in Prag/ Eidovské muzeum v Praze
Maiselova 10, Josefov
☎ 224 819 456, www.jewishmuseum.cz
Tägl. außer Sa und an jüdischen Feiertagen
April–Okt. 9–17.30, Nov.–März 9–16 Uhr
Metro A: Staroměstská
Das Museum ist auf mehrere Gebäude im ehemaligen jüdischen Ghetto verteilt: die Alt-Neu-Synagoge, die Hohe Synagoge (Textiliensammlung), die Klausen-Synagoge (alte hebräische Handschriften und Drucke), die Maisel-Synagoge (Silbersammlung), die Pinkas-Synagoge, die Spanische Synagoge und das Zeremonienhaus (Zeichnungen jüdischer Kinder aus dem Konzentrationslager Theresienstadt). Groteskerweise wurde der Grundstein der heutigen Sammlung von den Nationalsozialisten gelegt: Sie stahlen den von ihnen ermordeten Juden Kulturgüter, um damit das »Museum einer aussterbenden Rasse« zu gründen!

Pinkas-Synagoge/Pinkasova synagóga
Široká 3 (Zugang), Josefov
☎ 224 819 456, www.jewishmuseum.cz
Tägl. außer Sa und an jüdischen Feiertagen April–

Okt. 9–17.30, Nov.–März 9–16 Uhr
Metro A: Staroměstská
Nicht nur die älteste Synagoge Prags – im 11. Jh. sollen die Fundamente gelegt worden sein –, sondern auch Mahnmal für die jüdischen Opfer des Nationalsozialismus. Hier sind von 77 297 Juden aus Böhmen und Mähren die Namen, Geburtsdaten und die Tage der Deportation in ein Konzentrationslager festgehalten worden. Direkt daneben befindet sich die Alt-Neu-Synagoge.

Architektur und andere Sehenswürdigkeiten

Agnes-Kloster/Anežský klášter
Vgl. S. 24.

**Altstädter Brückenturm/
Staroměstská mostecká věž**
Křižovnické náměstí, Staré Město
Juni–Sept. 10–22, April/Mai, Okt. 10–19, Nov.–Feb. 10–17, März 10–18 Uhr
Metro A: Staroměstská
Erst nach der Einweihung der Karlsbrücke wurde der Altstädter Brückenturm 1391 von Peter Parler begonnen und gilt seit seiner Fertigstellung als einer der schönsten gotischen Türme Mitteleuropas. Er steht auf dem ersten der insgesamt 16 Pfeiler der Karlsbrücke und ist mit den Wappen der Luxemburger sowie einigen Badestatuen verziert. Von oben bietet sich der berühmteste Blick auf die Prager Burg. Der vor dem Turm liegende Kreuzherrenplatz wurde erst Ende des 19. Jh. aufgeschüttet, nachdem zwei Pfeiler der Karlsbrücke in die Moldau gestürzt waren. Im Dreißigjährigen Krieg spießte man zwölf Köpfe böhmischer Adeliger zur Abschreckung am Turm auf.

**Altstädter Rathaus mit Astronomischer Uhr/
Staroměstská radnice, Orloj**
Staroměstské náměstí 3, Staré Město
April–Okt. Mo 11–18, Di–So 9–18, Nov.–März Mo 11–17, Di–Do 9–17 Uhr
Metro A, B: Můstek
Nicht nur von außen schön: Das Rathaus gehört zur »Galerie der Hauptstadt Prag«, beherbergt also einen Teil der städtischen Kunstsammlung.

VISTA POINTS: ARCHITEKTUR UND ANDERE SEHENSWÜRDIGKEITEN

Außerdem gibt es hier immer wieder Wechselausstellungen – auch mit Arbeiten von ausländischen Malern und Bildhauern. Unbedingt sehenswert: das Figurenspiel der Astronomischen Uhr, jeweils zur vollen Stunde. Im Rathaus befindet sich auch ein Informationszentrum, das u.a. Eintrittskarten zu sämtlichen kulturellen Ereignissen verkauft.

Berühmteste Uhr des 15. Jh.: die Astronomische Uhr

VISTA POINTS: ARCHITEKTUR UND ANDERE SEHENSWÜRDIGKEITEN

Bethlehems-Kapelle/ Betlémská kaple
Betlémské náměstí 5, Staré Město
April–Okt. Di–So 10–18.30, Nov.–März Di–So 10–17.30 Uhr, Metro B: Národní třída
Ende des 14. Jh. wurde an dieser Stelle die erste Bethlehems-Kapelle erbaut, in der der böhmische Reformator Jan Hus predigte und als erster die Bibel ins Tschechische übersetzte. Sie wurde fast 400 Jahre später abgerissen, jedoch erfolgte 1954 der Neubau nach dem Vorbild des Originals. In dieses von außen eher klein erscheinenden Gotteshaus passen 3 000 Menschen.

Franziskanergarten/ Františkánská zahrada
Jungmannovo náměstí 18, Nové Město
April–Sept. 7–22, Okt. 7–20, Nov.–März 8–19 Uhr
Metro A, B: Můstek
Zwischen dem Jungmannplatz und dem unteren Teil des Wenzelsplatzes liegt mit dem Franziskanergarten eine wahre Oase! Der Garten gehört zum gleichnamigen Kloster, in dem noch heute Mönche leben. Hinter dem an die umliegenden Passagen angeschlossenen Garten erhebt sich die Kirche Maria Schnee (Kostel Panny Marie Sněžné), die den Plänen von Karl IV. gemäß die größte Kirche Prags hätte werden sollen.

Gedenkstätte Theresienstadt/ Památník Terezín
411 55 Terezin
℅ 416 782 255, Fax 416 782 300
www.pamatnik-terezin.cz
»Kleine Festung«:
Okt.–März 8–16.30, April– Sept. 8–18 Uhr
Ghetto-Museum:
Okt.–März 9–17.30, April– Sept. 9–18 Uhr
Krematorium:
März–Okt. 10–17, Nov. 10–16 Uhr, Sa geschl.
60 km nordwestlich von Prag gelegen; erreichbar über die D 8 Richtung Dresden.
Ausführliche Inforamtionen über die Gedenkstätte finden Sie auf S. 23.

Gemeindehaus/Obecní dům
Náměstí Republiky 5, Staré Město

✆ 222 002 100
www.obecni-dum.cz
Metro B: Náměstí Republiky

Das »Repräsentationshaus der Gemeinde Prag« gilt als Musterbeispiel des Prager Jugendstils, erbaut 1906–11 und 1997 gründlich rekonstruiert. Für viele *der* Musiksaal, *das* Restaurant und *das* Café der Nation. Das Musikfestival »Prager Frühling« beginnt dort im Smetana-Saal jährlich am 12. Mai mit dem Liederzyklus »Mein Vaterland«, dessen 2. Teil »Die Moldau« weltberühmt ist.

Hanauer Pavillon/Hanavský pavilon
Letenské sady, Holešovice, Praha 7
✆ 233 323 641
www.hanavskypavilon.cz

C5

Tägl. 11–1 Uhr, Metro A: Malostranská
Der Hanauer Pavillon, eine verschnörkelte Eisenkonstruktion auf dem Letná-Plateau, steht mitten in einer verwunschenen Gartenanlage. Wem die Treppen zum Parkgelände zu anstrengend sind, der kann ihn auch über die Straße Na Baště sv. Tomáše erreichen. Die Straßenbahnen der Linien 18 und 22 halten fast vor dem Eingangstor.

Haus zur Steinernen Glocke/ Dům u kamenného zvonu
Staroměstské náměstí 13, Staré Město
✆ 224 224 351

D6

Tägl. 10–18 Uhr
Metro A, B: Můstek
Das gotische Haus mit der steinernen Glocke an der rechten Ecke ist eines der ältesten am Altstädter Ring und wird für Ausstellungen zeitgenössischer Kunst sowie für klassische Konzerte weniger bekannter Musiker genutzt. Erst im 20. Jh. fand man hinter dem im Barockstil umgebauten Haus die noch gut erhaltenen ursprünglichen gotischen Mauern und renovierte das Gebäude mit dem charakteristischen spitzen Dach.

Karlsbrücke/Karlův most
Staré Město/Malá Strana

E5

Metro A: Staroměstská/Malostranská
Kaiser Karl IV. beauftragte Peter Parler (vgl. Altstädter Brückenturm) mit dem Bau der Brücke. 1357 wurde mit dem Projekt begonnen, Baumate-

rial waren Sandsteinquader. Die 30 Statuen bzw.
Figurengruppen entstanden jedoch erst 300 Jahre
später. Von einigen schwer beschädigten stehen
nur noch deren Kopien. Die 515 m lange und 10 m
breite ehemalige »Steinerne Brücke« wird von 16
Pfeilern gestützt und war bis 1842 die einzige
Brücke Prags über die Moldau. Zwei Pfeiler der
Karlsbrücke sind 1890 eingestürzt, seitdem wurde
die Brücke fest im felsigen Boden verankert.

Karls-Universität/Karolinum

E6

Železná 9, Staré Město
Nicht öffentlich zugänglich
www.cuni.cz
Metro A, B: Můstek

Von Karl IV. 1348 als erste Hochschule Mitteleuropas gegründet. Zu den Professoren zählt auch der später in Konstanz auf dem Scheiterhaufen verbrannte Reformator Jan Hus. Aus dem 14. Jh. sind noch der gotische Prunk-Erker von 1370 sowie die Aula erhalten. Im Laufe der Jahrhunderte wurden die zahlreichen Gebäude mehrfach umgebaut und schließlich wieder regotisiert. Noch heute werden die Universitätsfeiern sowie die Überreichung der Diplomurkunden an dieser

Historische Bibliothek im Klementinum

traditionellen Stätte durchgeführt. Einmal jährlich im März kann der gesamte Komplex besichtigt werden.

👁 Kleinseitner Brückentürme/ Malostranské mostecké věže

E4

Malá Strana
April–Okt. 10–18 Uhr
Metro A: Malostranská
Auf dem Kleinseitner Ufer der Karlsbrücke befinden sich gleich zwei Türme. Der linke, niedrigere von beiden gehörte einst zur Judithbrücke, die 1342 bei einem Hochwasser zerstört wurde. Der höhere wurde in Anlehnung an den gegenüberliegenden Altstädter Brückenturm gebaut und kann wie dieser bestiegen werden.

👁 Kleinseitner Ring/ Malostranské náměstí

D4

Malá Strana
Metro A: Malostranská
Im Gegensatz zum Altstädter Ring ist der Kleinseitner ein wirklicher Ring, denn in der Mitte steht die prächtige Barockkirche des heiligen Nikolaus. Die meisten frisch renovierten Gebäude am nördlichen Teil des Kleinseitner Rings gehören zum Senat. Das orangefarbene Gebäude war bis zur Zusammenlegung der vier Prager Städte 1784 das Rathaus der selbstständigen Stadt Kleinseite. In den Ring münden zwei touristische Hauptschlagadern: die Mostecká als Verlängerung der Karlsbrücke sowie die Nerudova als Nabelschnur der Kleinseite. Die ganze Trasse vom Pulverturm aus über den Kleinseitner Ring zur Prager Burg heißt Krönungsweg.

🎵 Klementinum

E5

Mariánské náměstí 5, Staré Město
Metro A: Staroměstská
👁 Der zweitgrößte Gebäudekomplex in Prag, nur die Prager Burg ist größer angelegt. Das Klementinum wurde 1232 als Kloster von den Dominikanern erbaut, später von den Jesuiten übernommen und im 17. Jh. in Karl-Ferdinand-Universität umbenannt. Heute Sitz der Staatsbibliothek mit mehr als 6 Millionen Bänden. In der Spiegelkapelle finden fast täglich klassische Konzerte

statt. Seit 1775 ist im Klementinum die Wetterwarte untergebracht.

👁 Laurenziberg/ Petřín

F3

Strahovská, Malá Strana
Metro A: Malostranská

Zu erreichen mit der Seilbahn von den Stationen Újezd oder Nebozízek aus (tägl. 9.15–20.45 Uhr, eine Fahrt kostet 12 Kč). Sehenswert: Ein **Spiegellabyrinth** (April, Sept. tägl. 10–19, Mai–Aug. 10–22, Okt. 10–18, Jan.–März Sa/So 10–17 Uhr), der **»Prager Eiffelturm«**, eine 60 m hohe Mini-Kopie des Pariser Vorbildes, 1891 anlässlich der Prager Landesausstellung eingeweiht (Mai–Aug. tägl. 10–22, April, Sept. 10–19, Okt. 10–18, Nov.–Dez. Sa/So 10–17 Uhr) sowie die **Sternwarte** (Winter Di–Fr 18–20, Sa–So 10–12, 14–20, Sommer Di–Fr 14–19 und 21–23, Sa–So 10–12, 14–19, 21–23 Uhr).

🌳 Ledebour-Garten/ Ledeburská zahrada

D4

🎵 Valdštejnská 3, Malá Strana
✆ 257 010 401
🎭 April–Juni und Sept.–Okt. 10–17.30, Juli/Aug. 10–19.30 Uhr
Metro A: Malostranská

Von italienischen Architekten angelegter herrlicher Terrassengarten an den Hängen der Prager Burg, der 1994 aufwändig renoviert wurde und normalerweise von der Waldsteingasse aus zugänglich ist. Der schönste Gang durch den Garten beginnt jedoch bei den Südgärten der Burganlage, die allerdings nur im Sommer geöffnet sind. Im unteren Bereich des Gartens befindet sich eine kleine Freilichtbühne, wo Konzerte oder Theaterstücke aufgeführt werden.

👁 Neue Welt/ Nový Svět

D2

Nový Svět, Hradčany
Straßenbahn 22: Pohořelec

Der »Prager Eiffelturm« ist dem Pariser Wahrzeichen nachempfunden ▷

Ein Juwel der Hradschiner Gässchen ist zweifelsohne die »Neue Welt«, eine nach Amerika benannte enge Straße, die seit einigen Jahren vielen Künstlern zum Domizil wurde. Einige der Maler arbeiten am offenen Fenster, so dass Vorüber-

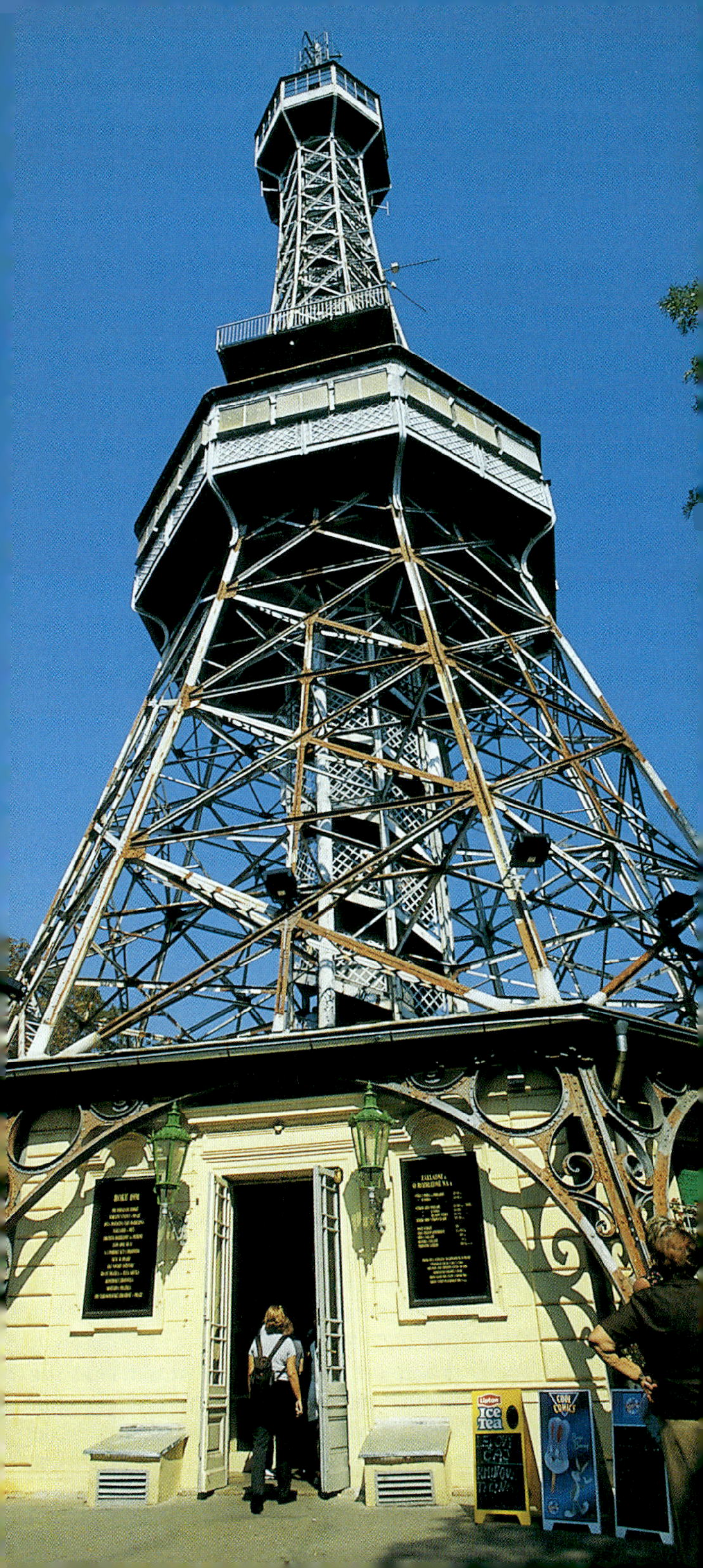

gehende deren Werke nicht nur bewundern, sondern auch gleich erwerben können. Diese Gasse ist heute noch so leer, wie es das Goldene Gässchen vor der Samtenen Revolution gewesen ist.

👁 Neustädter Rathaus/ Novoměstská radnice

F6

Karlovo náměstí 23, Nové Město, Praha 2
Di–So 10–18 Uhr, Metro B: Karlovo náměstí
Ehemaliges Rathaus der Neustadt aus dem 14. Jh., in dem es 1419 zum Ersten Prager Fenstersturz kam: Zwei katholische Ratsherren wurden unter dem hussitischen Anführer Jan Želivský aus dem Fenster geworfen, wodurch die Hussitenkriege ausgelöst wurden. Seit Joseph II. 1784 die vier damals selbstständigen Prager Städte zu einer zusammenschloss, hat das Rathaus an Bedeutung verloren. Es wird heute als Standesamt und für administrative Aufgaben genutzt. Der Aufstieg über 221 Stufen zur Turmspitze wird durch einen tollen Ausblick belohnt.

👁 Palais Buquoy/ Buquoyský palác

E4

Velkopřevorské náměstí 2, Malá Strana
Nicht öffentlich zugänglich
Metro A: Malostranská
Einer der vielen Paläste auf der Kleinseite, der 1719 ursprünglich für die Familie Thun erbaut wurde. Heute Sitz der französischen Botschaft. Berühmt ist die John-Lennon-Mauer gegenüber. Das Konterfei des Sängers wurde noch zu Zeiten des Kommunismus als Symbol für die Freiheit aufgebracht und ständig von der Staatsmacht übermalt. Die aktuelle Version stammt von 1998 und wird wie früher täglich von Touristen um mehr oder weniger sinnvolle Sprüche und Zeichnungen ergänzt.

👁 Palais Czernin/ Černínský palác

D2

Loretánské náměstí 5, Hradčany
Nicht öffentlich zugänglich
Straßenbahn 22: Pohořelec
Dieser größte der Prager Paläste ist seit 1934 Sitz des Außenministeriums. Das 150 m breite Monumentalgebäude wurde nach italienischem Vorbild 1669 von dem Grafen von Černín in Auftrag gege-

...en. In den Wirren und Kriegen seit seiner Grundsteinlegung wurde es mehrfach beschädigt und umgebaut, diente gar als Kaserne. Hier stürzte mit Jan Masaryk 1948 der letzte nichtkommunistische Minister unter mysteriösen Umständen aus dem Fenster – der dritte der Prager Fensterstürze ebnete den Weg für den Sozialismus.

Sitz des Außenministeriums: Palais Czernin

Palais Liechtenstein/ Lichtenštejnský palác

Malostranské náměstí 13, Malá Strana
℡ 257 535 568
Kasse tägl. 10.30–12.30 und 13–19.30 Uhr, Konzerte meist um 19.30 Uhr
Metro A: Malostranská

D4

Ursprünglich 1591 im Renaissancestil errichteter Palast, der 200 Jahre später seine heutige klassizistische Fassade erhielt. Bis zur Samtenen Revolution Sitz der kommunistischen Parteihochschule, seitdem ist hier die Prager Akademie der musischen Künste untergebracht. Deshalb werden häufig interessante klassische Konzerte aufgeführt.

VISTA POINTS: ARCHITEKTUR UND ANDERE SEHENSWÜRDIGKEITEN

Trabbi-Denkmal im Garten der Deutschen Botschaft

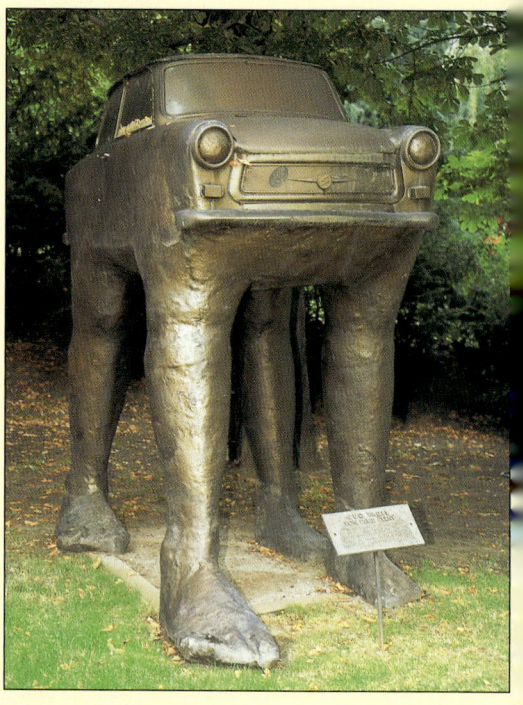

Palais Lobkowitz/ Lobkovický palác
Vlašská 17, Malá Strana
✆ 257 531 481
www.deutschland.cz
Mo–Fr 9–12 Uhr
Metro A: Malostranská

Der Sitz der Deutschen Botschaft wurde international bekannt, als dort im September 1989 Tausende von DDR-Bürgern auf ihrem Weg in den Westen Zuflucht suchten. Das Denkmal »Trabbi auf Beinen Quo vadis« von David Černý im Garten hinter dem Palais erinnert an die Ereignisse.

Palais Morzin/ Morzinský palác
Nerudova 5, Malá Strana
Nicht öffentlich zugänglich
Metro A: Malostranská

Das dreigeschossige Gebäude wurde 1713/14 errichtet und zählt zu den bedeutendsten Barockbauten Prags. Zwei steinerne Mohren tragen einen Balkon, und die Balustrade ist mit Symbolen

VISTA POINTS: ARCHITEKTUR UND ANDERE SEHENSWÜRDIGKEITEN

...er vier Erdteile verziert – der fünfte Kontinent Australien war zur Bauzeit des Hauses noch nicht entdeckt. Heute befindet sich hier die Rumänische Botschaft.

Palais Nostitz/ Nostický palác

E4

Maltézské náměstí 1, Malá Strana
Nicht öffentlich zugänglich
Metro A: Malostranská

Frühbarockbau aus der Zeit um 1660 mit einer und 15 000 Bände umfassenden Bibliothek. Hier residiert die Niederländische Botschaft. Es finden auch klassische Konzerte statt.

Palais Waldstein und Waldstein-Garten/ Valdštejnský palác, Valdštejnská zahrada

D4
cC4/5

Valdštejnské náměstí 4 (Palais)
Letenská 10 (Garten), Malá Strana
Palais: Sa/So 10–17 Uhr
Garten: Okt.–April 10–18, Mai–Sept. 9–19 Uhr
Metro A: Malostranská

1623–30 als erster Barockpalast Prags für Generalissimus Albrecht von Waldstein errichtet, dem Schiller in seiner Tragödie »Wallenstein« ein Denkmal setzte. Heute dient das prunkvolle Gebäude dem tschechischen Senat. Der zum Palais gehörende Garten erinnert in seinen Dimensionen eher an einen weitläufigen Park.

Pulverturm/ Prašná brána

E7

Náměstí Republiky, Staré Město
April–Okt. 10–18 Uhr
Metro B: Náměstí Republiky

Gotisches Gebäude aus dem Jahr 1475, in dem einst Waffenmunition gelagert wurde. Es diente ehemals als Tor zwischen der Altstadt und der Neustadt. Von oben hat man eine schöne Aussicht auf Prag.

St. Maria de Victoria/ Kostel Panny Marie Vítězné

E4

Karmelitská 9, Malá Strana
Tägl. 8.30–19 Uhr
Metro A: Malostranská

In der Karmeliterstraße wurde im 17. Jh. diese Barockkirche errichtet, um den Sieg bei der Schlacht am Weißen Berg darzustellen. Das Besondere dieses Gotteshauses ist die auf der rechten Seite im Innenraum stehende, nur einen halben Meter große Wachsstatue »Prager Jesulein«, der wahre Wunder zugesprochen werden. Von jeher kommen die Prager in Momenten schwerer Prüfungen hierher und erhoffen sich Erfolg durch ihre Gebete. Die Statue erhielt in der Vergangenheit viele Schenkungen wie u.a. Kleider aus Gold und Samt oder Schmuck.

St.-Nikolaus-Dom auf der Kleinseite/ Chrám sv. Mikuláše na Malé Straně

D/E4

Malostranské náměstí, Malá Strana
Tägl. 9–16.45 Uhr
Metro A: Malostranská

Der heilige Nikolaus gilt als Beschützer der Kaufleute und Seefahrer. Seine Lebensstationen sind auf rund 1 400 m² Fläche an der Decke der Kirche aufgemalt. Die Kirche sollte die Macht der Jesuiten demonstrieren.

St.-Nikolaus-Kirche in der Altstadt/ Kostel sv. Mikuláše

D6

Staroměstské náměstí, Staré Město
© 222 322 589
Mo 12–16, Di–Sa 10–16, So 12–15 Uhr
Metro A, B: Můstek

Der berühmte Architekt Ignaz Kilian Dientzenhofer erbaute die weiße Barockkirche 1735 für die Benediktiner. Bis 1945 war die Kirche auf dem Altstädter Ring kaum zu sehen, weil das ehemalige Stadtarchiv des Rathauses die Sicht versperrte. Heute ist dieser prachtvolle Sakralbau Sitz der hussitischen Kirche sowie Aufführungsort klassischer Konzerte.

Strahov-Kloster/Strahovský klášter

E2

Strahovské nádvoří 1, Hradčany
© 220 516 671
www.strahovskyklaster.cz
Tägl. 9–12 und 13–17 Uhr
Straßenbahn 22: Pohořelec

Das zweitälteste Kloster Prags beherbergt eine der schönsten Bibliotheken der Welt. Vier Jahre malte ein Mönch an den Fresken der gewölbten Deckenfelder.

Kuppel des barocken St.-Nikolaus-Doms ▷

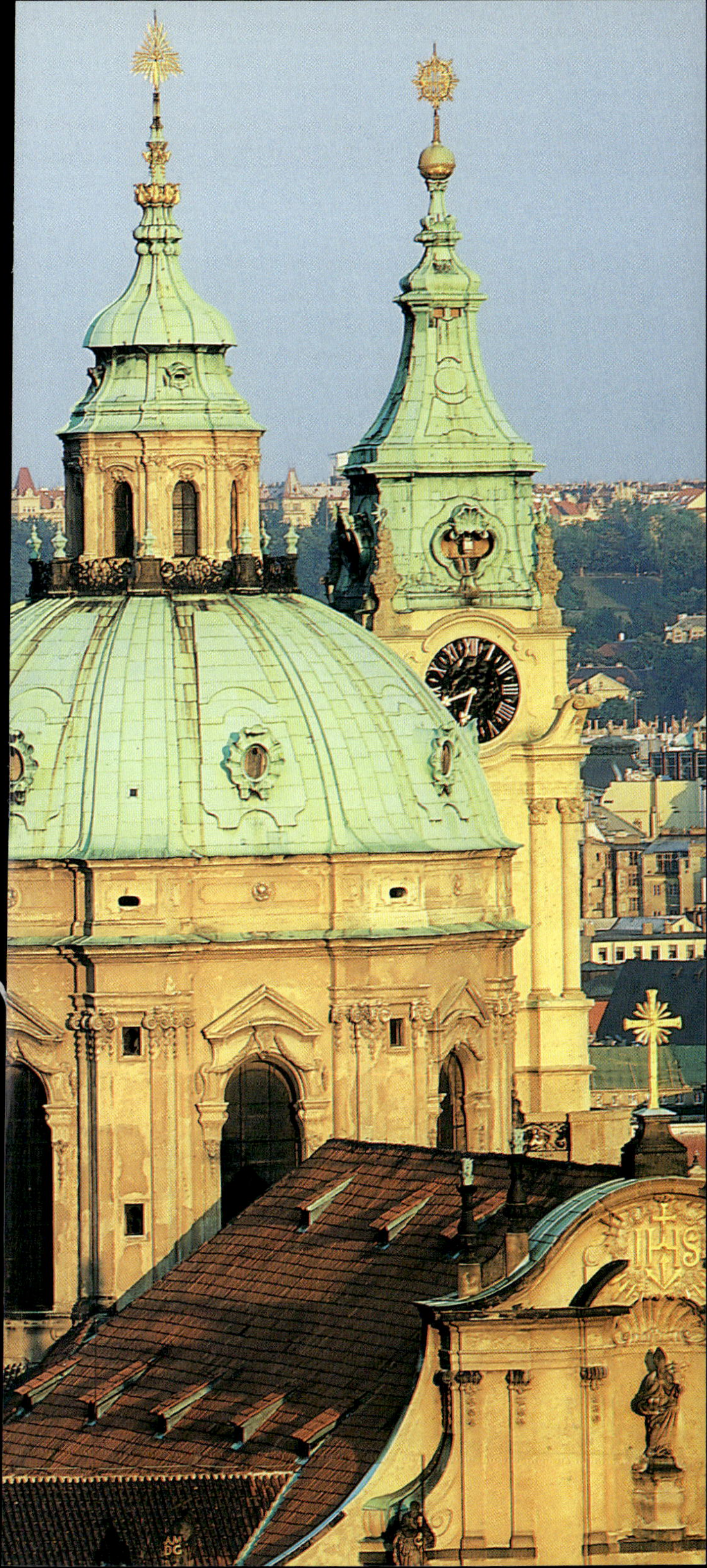
IHS

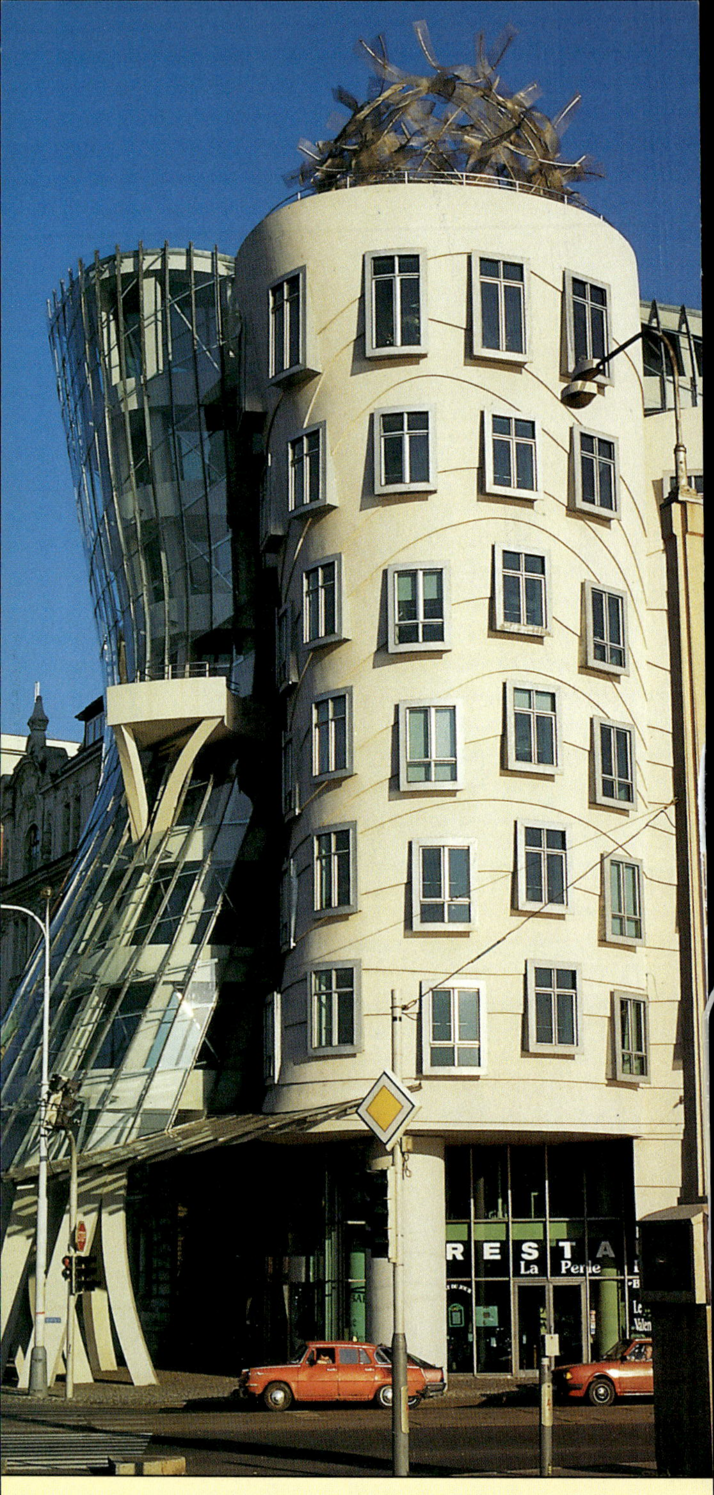
RESTA
La Perle

VISTA POINTS: ARCHITEKTUR UND ANDERE SEHENSWÜRDIGKEITEN

Tanzendes Haus/Tančící dům
Rašinovo nábřeží 80, Nové Město
Praha 2
Metro B: Karlovo náměstí

◁ Das »Tanzende Haus«

G5

In die Reihe prächtiger Jugendstilbauten eingefügtes hypermodernes Verwaltungsgebäude der Nationalen Niederländischen Versicherung. Die Architekten Gehry und Milunič benannten den geraden Turm mit Melonenkuppel nach Fred Astaire und den geschwungenen aus Glas nach Ginger Rodgers, so dass sich der Name »Tanzendes Haus« im Volksmund schnell verbreitete.

In der Kuppel befindet sich mit »La Perle de Prague« eines der besten Gourmetrestaurants der Stadt mit einer einmaligen Aussicht auf die Prager Burg und die Moldau. Im Nachbarhaus wohnte jahrzehntelang Václav Havel.

Teynhof/Týnský dvůr
Týn, Staré Město
Metro A, B: Můstek

D6

Der Teynhof diente im Mittelalter als Zollstation für den Handel auf dem nahe gelegenen Altstädter Ring. Wegen der zu entrichtenden Gebühr wird das Areal auch noch heute »Ungelt« genannt. Durch den Eingang mussten die Händler ihre Waren bringen, eine Nacht im später entstandenen bezaubernden Renaissancepalast Granovský übernachten und schließlich am nächsten Tag auf den Altstädter Ring ziehen. Dieses Gebiet hat sich Mitte der 1990er Jahre zu einem hübschen kleinen Platz entwickelt, in dem deutlich mehr

Hinterhofatmosphäre im Teynhof

VISTA POINTS: ARCHITEKTUR UND ANDERE SEHENSWÜRDIGKEITEN

Ruhe und Gelassenheit als auf dem Hauptplatz jenseits der Tore herrscht.

👁 Teynkirche/ Týnský chrám   E6

Staroměstské naměstí 14, Staré Město
Mo–Fr 14–18, Sa 12–14, So 11–13 und 20–22 Uhr
Metro A, B: Můstek

Neben der St.-Veits-Kathedrale sicher der bedeutendste gotische Kirchenbau in Prag. Rechts vor dem Hauptaltar das marmorne Grabmal des Astronomen Tycho Brahe – es soll Glück bringen, wenn man seine Nase berührt!

Teynkirche

👁 TV Tower Prague/ Televizní vysilač Praha   F10

Mahlerový sady 1, Žižkov, Praha 3
✆ 267 005 766
www.tower.cz
Tägl. 10–23.30 Uhr
Metro A: Jiřího z Poděbrad

Die Prager nennen den 1991 fertig gestellten Fernsehturm »Bajkonur« – nach der sowjetischen Raketenabschussrampe. Es gibt außer auf der Aussichtsplattform in Höhe von 97 m oder dem Restaurant auf 62 m keinen Punkt in Prag, von dem aus dieser Turm nicht zu sehen wäre. Der Bau war nötig geworden, da der alte Fernmeldeturm auf dem Laurenziberg an den Rand seiner Kapazität gelangte.

Bei gutem Wetter lohnt sich ein Ausflug für die Aussicht auf Prag und Umgebung.

👁 Wrtba-Garten mit Palais/ Vrtbovská zahrada, Vrtbovský palác   E4

Karmelitská 25, Malá Strana
✆ 257 531 480
www.vrtbovska.cz
April–Okt. 10–18 Uhr
Metro A: Malostranská

Schöner italienischer Terrassengarten mit nachgebildeten antiken Götterstatuen und ein schmuckes Palais im Spätrenaissancestil, das 1998 restauriert wurde.

Bajkonur – der Prager Fernsehturm ▷

Dieser herrliche Garten liegt etwas versteckt. Den Eingang findet man an der Ecke Karmelitska/Tržiště.

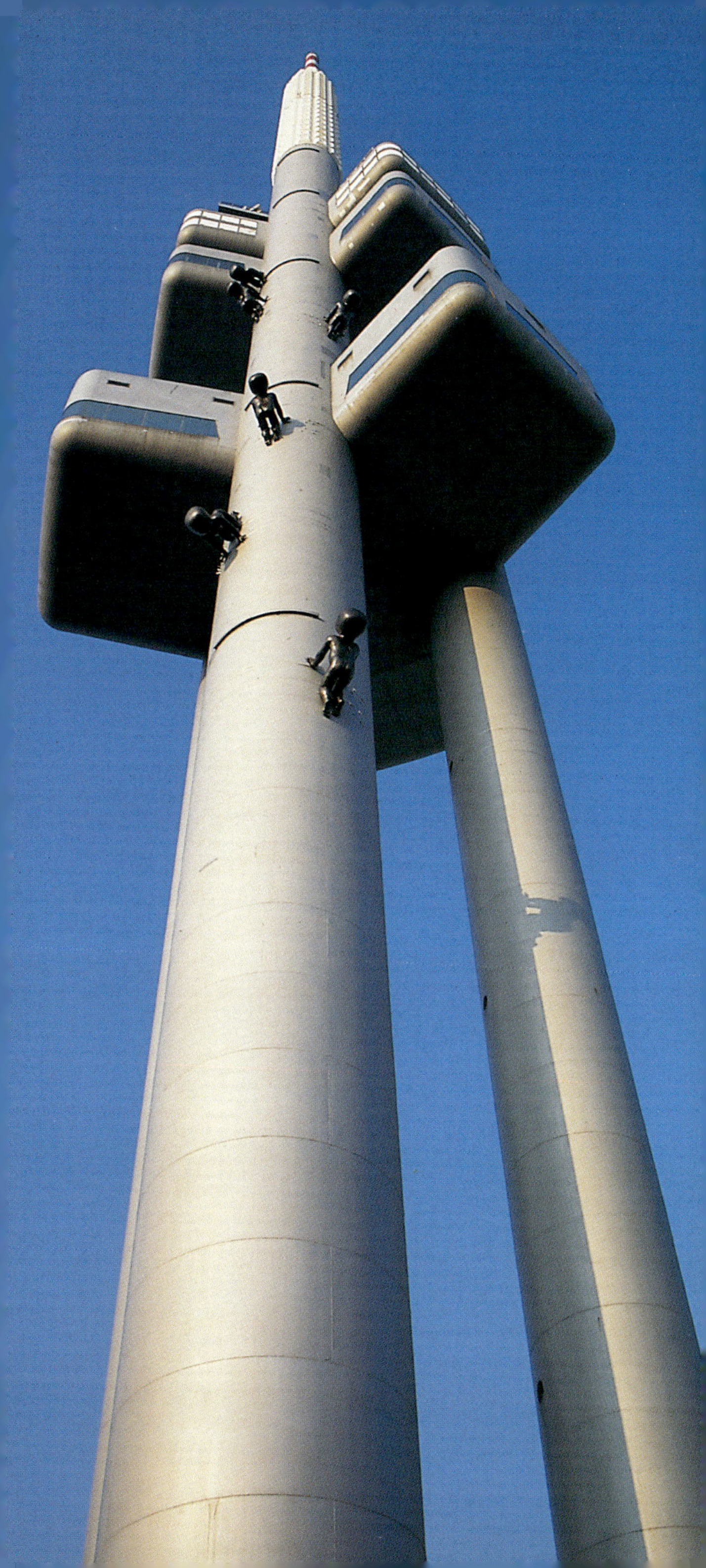

6 SERVICE

Anreise

Für die Einreise nach Tschechien benötigt man einen gültigen Reisepass oder Personalausweis. Erst nach dem Beitritt Tschechiens zum Schengener Abkommen werden die Grenzkontrollen entfallen.

Mit dem Flugzeug:
Der internationale Flughafen **Praha-Ruzyně** befindet sich etwa 18 km im Westen der Stadt und ist vom Zentrum aus gut ausgeschildert. Flugtickets nach Prag sind am günstigsten bei der tschechischen Airline ČSA im Ausland erhältlich (Filialen unter www.csa.cz). Die regelmäßigen Verbindungen werden in Kooperation mit Lufthansa, Swiss und Austrian Airlines durchgeführt. Mehrsprachige Flughafenauskunft unter ✆ 220 111 111.

Der Flughafen-Pendelbus von Cedaz fährt zwischen 6 und 21 Uhr (später jeweils nach Ankunft der Flugzeuge) mit weißen VW-Bussen alle 30 Minuten zum Platz der Republik im Zentrum und von dort zum Flughafen. Die Fahrt in die Innenstadt dauert etwa eine halbe Stunde und kostet pro Person 90 Kč. Für 360 Kč bringt er bis zu vier Personen zu einer beliebigen Adresse. Unter der von 8 bis 20 Uhr erreichbaren Nummer ✆ 220 114 296 kann er zu einer bestimmten Adresse angefordert werden.

Jugendstileingang im Hauptbahnhof

Mit dem Taxi kostet der Transfer offiziell etwa 500 Kč, das kann jedoch je nach Zeit und Einstellung des Taxifahres viel höher ausfallen. Die hellweißen, vor dem Flughafen wartenden Autos sind keine Taxis und zu teuer. Preisbewusst kommt man auch mit dem Linienbus 119 zur Metrostation Dejvická und von dort mit der Linie A ins Zentrum. Fahrkarten zu 12 Kč können am Automaten an der Haltestelle gegenüber der Ankunftshalle ausschließlich mit Münzen gezogen werden.

Mit dem Zug:
Die internationalen Züge aus Deutschland oder Österreich kommen entweder am Hauptbahnhof **Hlavní nádraží** oder am Bahnhof Prag-**Holešovice** an. Fahrplanauskunft erhält man unter ℃ 224 224 200 oder unter www.cd.cz. Von beiden Bahnhöfen kann man mit der Metrolinie C die Fahrt in die Stadt fortsetzen und für die Rück- oder Weiterreise internationale Tickets lösen, sogar mit Ermäßigungen wie der BahnCard. Wer aus Richtung Pilsen kommt oder gerne Entdeckungsfahrten ins böhmische Land unternehmen will, benutzt den Bahnhof Prag-**Smíchov** (erreichbar mit Metro-Linie B).

E8

A/B8

K4

Mit dem Auto:
Für die Benutzung von Autobahnen und Kraftfahrstraßen außerhalb geschlossener Ortschaften muss eine Vignette erworben werden. Diese ist an allen Tankstellen auf tschechischem Gebiet sowie an den Grenzen erhältlich. Die günstige 10-Tages-Vignette kostet z. Zt. 150 Kč, für einen Monat 250 Kč und für ein Kalenderjahr 900 Kč.

Die Höchstgeschwindigkeiten betragen für PKW, Busse und Motorräder: 50 km/h im Stadtverkehr, 90 km/h auf Straßen außerhalb geschlossener Ortschaften und 130 km/h auf Autobahnen und Kraftfahrstraßen. Es besteht absolutes Alkoholverbot am Steuer sowie Gurtpflicht. Auf den Autobahnen und in Prag finden häufig Radarkontrollen statt. In den Wintermonaten muss außerhalb der Ortschaften das Abblendlicht eingeschaltet werden.

Mit dem Reisebus:
Von vielen Städten in Deutschland, der Schweiz und Österreich fahren regelmäßig Linienbusse über Nacht nach Prag. Diese kommen in der Regel am Busbahnhof **Florenc** in Prag 8 an (Metro B und C). Alternative Busbahnhöfe sind **Želivského** in Prag 3 beim Hotel Don Giovanni (Metro A) und **Roztyly** in Prag 4 (Metro C). Tickets können bei freien Plätzen auch noch im Bus gekauft werden, ansonsten bei der Prager Mitfahrzentrale (Národní 9, Staré Město, ℃ 222 075 407, www.spolujizda.cz, Metro B: Národní třída).

D8

F13

F5

Auskunft

Fremdenverkehrsbüros:

Tschechische Zentrale für Tourismus
Vinohradská 46 – Vinohrady
✆ 221 580 611, Fax 221 580 711
www.czechtourism.com
Mo–Fr 8.30–12, 13–16 Uhr

D6

Tschechische Zentrale für Tourismus (CCCR)
Staroměstské náměstí 6, Staré Město
✆ 224 826 984, Fax 224 826 986
www.visitczech.cz, www.cccr-info.cz
Tägl. 9–18 Uhr

E7

Prager Informationsdienst
(Pražská informační služba)
Na Příkopě 20, Nové Město
✆ 124 44, www.pis.cz
April–Okt. Mo–Fr 9–19, Sa/So 9–17 Uhr
Nov.–März Mo–Fr 9–18, Sa 9–15 Uhr

E7

Čedok (Zentrale in Prag)
Na Příkopě 18, Nové Město
✆ 224 197 111, Fax 224 216 324
www.cedok.cz
Mo–Fr 9–19, Sa 10–15, So 10–14 Uhr

Čedok (Deutschland)
Kaiserstr. 54, D-60329 Frankfurt am Main
✆ (069) 274 01 70, Fax (069) 23 58 90
www.cedok.de
Mo–Fr 9–12 und 13–17 Uhr

Čedok (Schweiz)
Am Schanzengraben 11, CH-8002 Zürich
(01) 287 33 44, Fax (01) 287 33 45
www.cedok.ch
Mo–Fr 9–12 und 14–17.30 Uhr

Čedok (Österreich)
Parkring 10, A-1010 Wien
✆ (01) 512 43 72, Fax (01) 512 43 72 85
Mo–Fr 9–17 Uhr

Diplomatische Vertretungen der Tschechischen Republik:

Tschechische Botschaft (Deutschland)
Wilhelmstr. 44, D-10117 Berlin
✆ (030) 226 38-121, Fax (030) 226 38-161
www.czech-embassy.de
Mo–Fr 8.30–11 und 13–16.15 Uhr

SERVICE: AUSKUNFT

Tschechische Botschaft (Österreich)
Penzinger Str. 11
A-1140 Wien
℡ (01) 894 37 41, Fax (01) 894 12 00
Mo–Fr 7.30–16.30 Uhr

Tschechische Botschaft (Schweiz)
Muristr. 53
CH-3006 Bern
℡ (031) 352 36 45, Fax (031) 352 75 02
Mo–Fr 8–12 und 13–17 Uhr

Diplomatische Vertretungen in Prag:

Deutsche Botschaft
Vlašská 19, CZ-118 01 Praha 1 – Malá Strana
℡ 257 531 481, Fax 257 531 486
www.deutschland.cz
Mo–Fr 9–12 Uhr

E3

Österreichische Botschaft
Viktora Huga 10, CZ-151 15 Praha 5 – Smíchov
℡ 257 090 511, Fax 257 316 045
www.austria.cz
Mo–Fr 9–15 Uhr

G4

Schweizer Botschaft
Pevnostní 7, CZ-162 01 Praha 6 – Střešovice

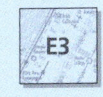

C2

Moldauufer mit Nationaltheater

SERVICE: AUSKUNFT

℡ 220 400 611, Fax 224 311 312
Mo–Fr 9–12 Uhr

Deutschsprachige Einrichtung:

F5

Goethe-Institut
Masarykovo nábřeží 32, Nové Město
℡ 221 962 111, Fax 221 962 250
www.goethe.de/ms/pra
Mo–Do 9–17, Fr 9–14.30 Uhr
Metro B: Karlovo náměstí

Wichtige Rufnummern:

Telefonvorwahl Tschechien ℡ 00 420
Erste Hilfe ℡ 155
Polizei ℡ 158
Feuerwehr ℡ 150
Pannendienst und Information ℡ 1230
Auskunft Tschechien ℡ 1180
Auskunft International ℡ 1181
Telegramme ℡ 13 30 01
Zuginformation ℡ 224 224 200
Fluginformation ℡ 220 111 111, www.csl.cz
Reisebusinformation ℡ 129 99
Fundbüro ℡ 224 235 085
Apotheke *(Lékárna)* mit 24-Stunden-Dienst
℡ 222 513 396
Ärztlicher Notdienst: Nemocnice Na Homolce (Universitätsklinik) ℡ 257 272 146, www.homolka.cz (24-Stunden-Service, die Ärzte sprechen auch Deutsch und Englisch)
Zahnärztlicher Notdienst: ℡ 224 946 981, Mo–Fr 19–7 Uhr, Sa/So durchgehend

Theater Meschugge in der Altstadt

SERVICE: FEIERTAGE/FESTE/GALERIEN

Verlust von Kreditkarten: EuroCard/MasterCard
℡ (001) 836 722 7111, Visa ℡ (001) 410 581 3836,
American Express ℡ 222 800 222, Diners Club
℡ 267 197 450

Feiertage/Feste

Gesetzliche Feiertage sind **Neujahr** (1. Januar), **Ostersonntag, Ostermontag, Tag der Arbeit** (1. Mai), **Ende des Zweiten Weltkrieges** (8. Mai), **Tag der Slawenapostel Kyrill und Method** (5. Juli), **Todestag von Jan Hus** (6. Juli), **Unabhängigkeitstag** (28. Oktober), **Heiligabend** (24. Dezember) und **Weihnachten** (25. und 26. Dezember).

Manche in anderen Ländern übliche gesetzliche Feiertage wie **Himmelfahrt** und **Pfingsten** gibt es zwar in Tschechien nicht, doch merkt man sie durch den enormen Anstieg der Touristenzahl schon. Es empfiehlt sich, zu solchen Terminen nicht nach Prag zu reisen, weil die Stadt überquillt. Auch **Silvester** ist die Stadt überlaufen.

Während der **Ostertage** sind insbesondere die Jungen mit Holzruten zu beobachten; dies geht auf einen alten Brauch zurück. Am **1. Mai** lässt sich die tschechische Frau unter einem Maibaum küssen, das bringt dem Aberglauben nach Liebe bis zum nächsten Jahr. In Prag küssen sich verliebte Pärchen oft am Laurenziberg unter der Statue des romantischen Dichters Karel Hynek Mácha.

Mitte bis Ende Mai stürmen Tausende begeisterter Läufer anlässlich des **Prager Marathons** den Krönungsweg zur Prager Burg hinauf. Am Unabhängigkeitstag legt der Staatspräsident an der Statue des heiligen Wenzel am Ende des Wenzelsplatzes einen Kranz nieder.

Zwei große Kulturfestivals ziehen Musikliebhaber aus aller Welt an: Der **»Prager Frühling«** beginnt mit der sinfonischen Dichtung »Mein Vaterland« von Bedřich Smetana am 12. Mai im Gemeindehaus und endet am 3. Juni mit der 9. Sinfonie von Ludwig van Beethoven im Rudolfinum. Der **»Prager Winter«** findet Anfang Januar statt und bietet ebenfalls höchsten Musikgenuss. Er wird im Spanischen Saal der Prager Burg eröffnet. Besonders für die Touristen werden im Laufe des Jahres unzählige Festivals mit klassischer Musik (wie z. B. von Verdi und Mozart), aber auch mit Jazz veranstaltet.

Galerien

Besonders an den Touristenwegen gibt es eine Reihe kleinerer Galerien mit mehr oder weniger wertvollen

SERVICE: GALERIEN/GELD/DEVISEN

In einer der vielen Prager Galerien

Bildern. In den allzu touristisch orientierten Galerien sind es Motive von Prag, nur in wenigen ist wirklich Wertvolles zu finden.

Lohnenswert ist ein Besuch im **Dorotheum** (Ovocný trh 2, Staré Město, ✆ 224 222 001, www. dorotheum.cz, Mo–Fr 10–19, Sa 10–17 Uhr). Regelmäßig werden Auktionen mit interessanten Stücken veranstaltet.

Geld/Devisen

Gesetzliches Zahlungsmittel ist ausschließlich die tschechische Krone (Kč). Eine Krone entspricht 100 Heller (hl.). Es gibt Banknoten zu 20, 50, 100, 200, 500, 1 000, 2 000 und 5 000 Kronen sowie Münzen zu 1, 2, 5, 10, 20 und 50 Kronen und 50 Heller. **Wechselkurs:** 1 € entspricht als Faustregel etwa 30 Kč, 1 sFr entspricht etwa 20 Kč (Stand: Herbst 2004).

Banken haben keine einheitlichen Öffnungszeiten. Meist sind sie Mo–Fr von 9–17 Uhr geöffnet. Reiseschecks werden nicht überall angenommen, wohl aber bei American Express (Václavské náměstí 56, Nové Město, ✆ 222 800 237, 9–19 Uhr, Metro A/C: Muzeum).

Wechselstuben sind täglich geöffnet, häufig bis in den späten Abend oder 24 Stunden durchgehend. Einige Wechselstuben locken mit falschen Kursen, als ob man für Kronen Auslandswährung kaufen möchte, deshalb unbedingt auf den Kurs »We buy« achten anstatt »We sell«. Schwarztausch ist streng verboten!

Tipp: Am besten zieht man Geld aus dem **Automaten** per Maestro/EC-Karte. Der Kurs ist sehr günstig, kostet jedoch pro Abbuchung ca. 2,50 € Gebühr. Die Bankautomaten sind überall im Zentrum zu finden. Mit Kreditkarte Bargeld abzuheben, ist im Vergleich viel teurer. Jedoch werden die gängigen Karten wie MasterCard/EuroCard und VISA in den meisten Geschäften und Restaurants akzeptiert.

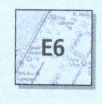

Hinweise für Behinderte

Prag ist durch seine jahrhundertealten Bauten und Straßen nicht besonders für Behinderte mit Rollstühlen geeignet. Auch die Metro hat an den meisten Stationen nur Rolltreppen und keine Aufzüge. Erst in letzter Zeit werden neue Gebäude behindertengerecht gebaut bzw. bestehende öffentliche Gebäude entsprechend umgerüstet.

Da jedoch in Prag das komplette Zentrum zu Fuß erreichbar ist, können auch Rollstuhlfahrer Freude an der sie umgebenden Schönheit haben, sieht man mal vom ruppigen Pflaster ab. Nur zur Prager Burg hinauf ist der Weg zu steil. Hierfür sollte lieber ein Taxi genommen werden.

Klima/Reisezeit

Die durchschnittliche Jahrestemperatur beträgt 9,3 °C. Im Juni werden im Schnitt 17,3 °C gemessen, im Juli 19,2 °C. Am kältesten ist es im Dezember mit 1,8 °C und im Februar mit 0,5 °C. Diese statistischen Durchschnittszahlen täuschen jedoch, weil es von Ende April bis Mitte September mit Werten über 25 °C häufig sehr heiß wird und die Temperatur im Winter nicht selten deutlich unter Null fällt.

Prag ist natürlich im Frühling am schönsten: Das Wetter ist mild, die Gärten und Plätze locken geradezu zum Verweilen in der Sonne. Im Sommer scheint es fast zu warm, allerdings gelten Juli und August als Nebensaison mit günstigeren Unterkunftspreisen. Zum Erkunden einer Stadt ist vielleicht der Herbst besser geeignet, gerade im September ist es in Prag im Vergleich zu den heißen Sommermonaten sehr angenehm. Um die Schönheiten der Stadt in Ruhe entdecken zu können, ist jedoch ein Besuch im Winter angebracht, weil sich dann kaum Touristen in der »Goldenen Stadt« aufhalten.

Aus kultureller Sicht kann man das ganze Jahr über interessante Aufführungen erleben. Lediglich im Juli und August haben die klassischen Theater Sommerpause, hingegen spielen die inzwischen touristisch angehauchten Bühnen wie die Schwarzlichttheater im Winter eher unregelmäßig.

Nachtleben

Aktuelle Infos mit Adressen und Hinweisen zu Konzerten, Clubs und Highlights aller Art stehen im Veranstaltungsmagazin »Houser«, das wöchentlich als ausführliches Heftchen in Cafés, Kneipen und Geschäften zu finden ist. Da die meisten Restaurants und Bierstuben nur bis Mitternacht geöffnet sein dürfen, beschränkt sich

SERVICE: NACHTLEBEN

die Auswahl für den aktiven Nachtschwärmer auf Bars, Clubs und Discos sowie Casinos.

Bars:

E6

Château
Jakubská 2, Staré Město
℅ 222 316 328
www.chateau-bar.cz
Mo–Do 12–3, Fr 12–4, Sa 16–4, So 16–2 Uhr
Metro A, B: Můstek
Absoluter In-Treff, schrill, laut, voll, vibrierend. Hier ist die Welt.

D6

Jo's Bar & Garáž
Malostranské náměstí 7, Malá Strana
℅ 257 531 422, www.josbaraqaraz.com
So–Do 11–2, Fr–Sa 11–5 Uhr
Metro A: Malostranská
Kleine, witzige Bar auf der Kleinseite mit vorwiegend amerikanischem Publikum.

E4

Marquis de Sade
Templová 8, Staré Město
℅ 224 817 505
Tägl. 11–2 Uhr
Metro B: Náměstí Republiky

Szenebar
»Marquis de Sade«

SERVICE: NACHTLEBEN

Schrille und moderne Musik, doch nicht zu laut. Junges Publikum von überall her; ideal gelegen, um danach noch loszuziehen.

Molly Malone
U Obecního dvora 4, Staré Město
✆ 224 818 851
So–Do 11–1, Fr/Sa 11–2 Uhr
Metro B: Náměstí Republiky
Gemütliche irische Bar mit offenem Kamin. Hier genießen überwiegend in Prag lebende Ausländer Guinness und Baileys.

Papas Bar
Betlémské náměstí 8, Staré Město
✆ 222 222 229
www.papasbar.cz
Mo–Sa 12–2, So 12–1 Uhr
Metro A, B: Můstek
Ultramoderne coole Lounge am Bethlehemsplatz, auch günstige Tagesmenüs.

Clubs und Diskotheken:

Karlovy lázně
Novotného lávka 13, Staré Město
✆ 222 220 502
www.karlovylazne.cz
Tägl. 21–5 Uhr
Metro A: Staroměstská
Fünf Clubs in der renovierten Badeanstalt direkt an der Karlsbrücke für nur einen Preis. Insgesamt können 2 500 Personen im ganzen Komplex abfeiern. Im Gebäude ein günstiges Internet-Café.

Klub Lávka
Novotného lávka 1, Staré Město
✆ 222 222 156
www.lavka.cz
Tägl. 24 Stunden geöffnet
Metro A: Staroměstská
Besonders romantisch im Sommer: Tanzfläche am Moldauufer. Lávka beherbergt neben der Disco auch noch ein Restaurant und ein kleines Theater (Abb. S. 19).

»Karlovy lázně« – voll und laut wie nirgendwo sonst

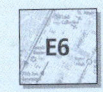

Meloun
Michalská 12, Staré Město
✆ 224 230 127
www.meloun.cz
Tägl. 11–24 (Restaurant), Mo–Sa 17–3 Uhr (Club)
Metro A, B: Můstek
Angesagtes Restaurant mit Music-Club im historischen Gewölbekeller in einer Seitengasse der Altstadt, viele Einheimische.

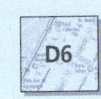

SERVICE: NACHTLEBEN

Roxy
D7
Dlouhá 33, Staré Město
℃ 224 826 296
www.roxy.cz
Tägl. 17–2.30 Uhr
Metro B: Náměstí Republiky
Nirgends geht es so abgefahren zu wie im Roxy. Seit der legendäre »Bunkr« geschlossen wurde, ist das Roxy die Heimat für die Prager Partyfreaks.

Jazz Clubs:

AghaRTA Jazz Centrum
G7
Železná 16, Staré Město
℃ 222 211 275
www.agharta.cz
Mo–So 18–1 Uhr
Metro C: I. P. Pavlova
Jazz total: Club, Café und Shop, täglich Konzerte (Beginn jeweils 21 Uhr).

Reduta
F6
Národní 20, Nové Město
℃ 224 933 487, www.redutajazzclub.cz
Tägl. 19–0.30 Uhr
Metro B: Národní třída
Berühmtester Jazzclub mit Tradition – 1958 gegründet und noch immer eine Talentbörse. Im Januar 1994 spielte hier Bill Clinton Saxophon.

U malého Glena (Beim kleinen Glenn)
E4
Karmelitská 23, Malá Strana
℃ 257 531 717
www.malyglen.cz
Tägl. 10–2 Uhr
Metro A: Malostranská
Moderner Live-Jazz von lokalen Bands aller Stilrichtungen im alten Keller. Oben Brunch und Bagels.

Casinos:

Casino Palais Savarin
E7
Na Příkopě 10, Nové Město
℃ 224 221 636
www.czechcasinos.cz
Tägl. 13–4 Uhr
Metro A, B: Můstek
Ein Hauch von Las Vegas mit Roulette, Poker und Black Jack.

VIP Club (Hotel Ambassador)
E7
Václavské náměstí 5, Nové Město
℃ 224 193 681
www.ambassador.cz

SERVICE: PRESSE/RADIO/TV/RESTAURANTS/BIERKNEIPEN/CAFÉS/TEESTUBEN

Tägl. 24 Stunden geöffnet
Metro A, B: Můstek
Nonstop-Betrieb in einem der großen klassischen Hotels am Wenzelsplatz.

Post

Hlavní Pošta (Hauptpost)
Jindřišská 14, Nové Město
℗ 221 131 111, www.cpost.cz
Tägl. 2–24 Uhr, Metro A, B: Můstek
Die von Grund auf restaurierte Prager Hauptpost ist im Inneren eine Augenweide! Briefmarken *(známky)* für Postkarten und Briefe (bis 20 g) in europäische Länder kosten derzeit 9 Kč, außerhalb Europas 14 Kč (bzw. 9 Kč für langsame Beförderung). Innerhalb Tschechiens bis 20 g sind es nur 5,40 Kč. Die Briefkästen sind orangefarben.

E7

Presse/Radio/TV

Broschüren in mehreren Sprachen mit **Veranstaltungskalender** gibt es kostenlos in den Büros der Reiseagenturen und an den Rezeptionen vieler Hotels. Monatlich erscheinen beispielsweise der deutschsprachige »Prag-Reiseführer« sowie »Prague this Month« in Deutsch und Englisch. Wöchentlich liegt das Heftchen »Houser« mit Informationen zu Kinos, Clubs und Restaurants in Cafés, Geschäften und Bars aus.

Die englischsprachige **Wochenzeitung** »The Prague Post« sowie die deutschsprachige »Prager Zeitung« bringen Informationen über Politik, Kultur und Wirtschaft, einen Veranstaltungskalender und Tipps für Restaurants und Kneipen. Kioske am Wenzelsplatz und am Altstädter Ring verkaufen internationale Zeitungen und Zeitschriften.

Die **Deutsche Welle** ist auf Kurzwelle 6075 zu empfangen, **Radio Prag** (auf Mittelwelle 255) bringt zu jeder vollen Stunde Nachrichten und Wetter in Englisch und Deutsch. Sehr musikalisch ist der örtliche Sender **Kiss FM** auf 98,1 MHz.

Neben den öffentlichen Fernsehsendern **ČT1** und **ČT2** sind **Nova** und andere private Sender sowie über Satellit auch deutsche Programme zu sehen.

Restaurants/Bierkneipen/Cafés/Teestuben

Die Prager Gastronomie hat sich in den letzten Jahren um Klassen verbessert. Zwar beherrscht noch immer die schwere böhmische Küche die Speisekarten, aber immer mehr Restaurants bieten auch leichte französi-

SERVICE: RESTAURANTS/BIERKNEIPEN/CAFÉS/TEESTUBEN

sche oder italienische Gerichte an. Hier eine Auswahl verschiedener Geschmacksrichtungen. Die Preiskategorien beziehen sich jeweils auf ein Hauptgericht mit Beilage ohne Getränke.

☆   – bis 150 Kč
☆☆   – bis 300 Kč
☆☆☆ – über 300 Kč

Restaurants:

Bazaar
[D3]
Nerudova 40, Malá Strana
✆ 257 535 050
www.restaurantbazaar.cz
Tägl. 11–24 Uhr
Metro A: Malostranská
Ein Erlebnisrestaurant direkt auf dem Weg zur Prager Burg. Das Bazaar bietet eine Speisekarte mit kleinen und großen, meist französisch angehauchten Gerichten ohne Unterteilung in Vorspeisen und Hauptgerichte und am Ende eine leere Seite, aus der mit einem Stempel die Dessertkarte entsteht. Häufig Live-Musik. ☆☆☆

Bellevue
[E5]
Smetanovo nábřeží 18, Staré Město
✆ 222 221 443
www.praguefinedining.cz
Mo–Sa 12–15 und 17.30–23, So 11–15.30 und 19–23 Uhr
Metro A: Staroměstská
Sicherlich eines der besten Restaurants in Prag, gemessen an der Aussicht auf die Prager Burg und die Karlsbrücke, den vorzüglichen Gerichten, dem zuvorkommenden Service und den internationalen Auszeichnungen. Empfehlenswert vor allem der Jazz-Brunch am Sonntag. ☆☆☆

Hospoda v Lucerně
[F7]
(Gasthaus in der Lucerna)
Vodičkova 36, Lucerna-Passage, Nové Město
✆ 224 215 186
www.hospodalucerna.cz, tägl. 10–3 Uhr
Metro A, B: Můstek
Neues Restaurant mit authentischer Einrichtung aus der Blütezeit der Ersten Republik im unteren Level des Lucerna-Palastes. Die zumeist tschechischen Gerichte sind günstig und lecker, ein spätes Frühstück wird ebenso serviert wie ein Nachtessen weit nach Mitternacht.

Metamorphis
[D6]
Malá Štupartská 5, Staré Město

SERVICE: RESTAURANTS/BIERKNEIPEN/CAFÉS/TEESTUBEN

☏ 221 771 068
www.metamorphis.cz
Tägl. 9–1 Uhr
Metro B: Náměstí Republiky
Der Teynhof, der aufgrund seiner früheren Bedeutung zum Entrichten von Marktgebühren auch als »Ungelt« bezeichnet wird, ist ein feines, ruhiges Plätzchen. Hier im Metamorphis ist der richtige Ort, um besonders im Sommer draußen die Menschen zu beobachten und zu philosophieren. Von innen ist es hellgrün eingerichtet und in seiner Auswahl italienisch angehaucht. Es ist eigentlich eine Mischung aus Café, Restaurant, Bar, Kunstgalerie und einer luxuriösen Pension. ☆☆☆

Innenansicht der »Soliden Verunsicherung«

Klub architektů (Klub der Architekten)
Betlémské náměstí 5a, Staré Město
☏ 224 401 214
Tägl. 11.30–24 Uhr
Metro B: Národní třída
Das Restaurant im Architektenclub heißt eigentlich »Duta hláva« (Hohlkopf) und bezeichnet eine Skulptur im Inneren des Gewölbes aus dem 12. Jh. neben der Bethlehems-Kapelle. Berühmt für seine gute und gleichermaßen günstige Küche, vor allem Geflügel. Hier sollte man vorher reservieren, weil es schon kein Geheimtipp mehr ist. ☆☆

E6

Solidní nejístota (Solide Verunsicherung)
Pštrossova 21, Nové Město
☏ 224 933 086

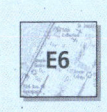

F5

Service: Restaurants/Bierkneipen/Cafés/Teestuben

Tägl. 18–6 Uhr
www.solidninejistota.cz
Metro B: Karlovo náměstí
Das etwas schräge Restaurant des Radiosenders »Limonadový Joe« ist innen blutrot gestaltet und bietet eine etwas unheimliche Atmosphäre. Die nicht zu teuren Gerichte sind jedoch solide, sicher und gut. Ein Besuch lohnt sich! ☆☆

F7

Titanic
Štěpánská 24, Nové Město
✆ 296 226 282
www.euronet.cz/titanic
Mo–Sa 11–23, So 15–23 Uhr
Metro C: I. P. Pavlova
Komplett in orange gehaltenes Restaurant in einer Nebenstraße des Wenzelsplatzes, das vorwiegend Steaks und Artverwandtes anbietet. Der Clou sind jedoch die Bezeichnungen der Gerichte, da sie an die »Titanic« und ihr Schicksal erinnern: »Letztes Abendmahl«, »Gefüllte Kajüte«, »Gebrochener Mast« und »Mischung des ertrunkenen Heizers«. Die Portionen sind eher zu groß als zu klein, dafür sind die Preise durchaus moderat. ☆☆

D6

U kapra (Zum Karpfen)
Žatecká 7, Josefov
✆ 224 813 635
Tägl. 11–23 Uhr
Metro A: Staroměstská
Der Titel täuscht: Es ist kein Fischrestaurant, aber benannt nach dem gleichnamigen Haus. Die leckeren Gerichte des hell eingerichteten Restaurants liegen um 100 Kč, so dass sich der kurze Fußweg vom Altstädter Ring in diese Nebenstraße durchaus lohnt. Besonders mittags isst man hier günstig. ☆

Pizza und Pasta:

F6

Kmotra (Patin)
V Jirchářích 12, Nové Město
✆ 224 934 100
www.kmotra.cz
Tägl. 11–24 Uhr
Metro B: Národní třída
Im Gassenwirrwarr hinter der Nationalstraße liegt eine der besten Pizzerien Prags. Große Portionen, auch bei den unzähligen Pastagerichten, dazu Preise ab 70 Kč. Auch die Getränkepreise sind niedrig. Im Erdgeschoss ist eine kleine Bar, während die Super-Pizzas im Gewölbekeller serviert werden. ☆☆

D7

Rendez-Vous
V Celnici 10, Nové Město

SERVICE: RESTAURANTS/BIERKNEIPEN/CAFÉS/TEESTUBEN

✆ 221 033 037
www.rendez-vous.cz
Mo–Fr 7.30–22, Sa/So 10–22
Metro B: Národní třída
Das moderne Bistro-Restaurant im Innenbereich der Millennium-Passage lockt mit der wohl leckersten Lasagne der Stadt und weiteren Spezialitäten nicht nur der italienischen Küche. ☆☆

Spezialitäten:

Hacienda Mexicana
Klimentská 46, Nové Město
✆ 221 851 095
www.mexicana.cz
Tägl. 11.30–24 Uhr
Metro B, C: Florenc
Völlig unerwartet befindet sich innerhalb eines modernen Bürokomplexes dieses mexikanische Restaurant, das besonders abends durch sein beleuchtetes, verwinkeltes Interieur ein Augenschmaus ist! ☆☆

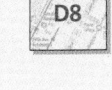

Miyabi
Navrátilova 10, Nové Město
✆ 296 233 102
www.miyabi.cz
Mo–Fr 11–23, Sa/So 12–23 Uhr
Metro B: Karlovo náměstí
Im hinteren Teil des stilvollen japanischen Restaurants sitzt man an niedrigen Tischen auf einem Rattanboden. Die oftmals exotisch anmutenden Gerichte werden von der hilfsbereiten Bedienung erklärt und sind ausgesprochen lecker. Miyabi bekam wegen seines Preis-Leistungs-Verhältnisses schon einige Auszeichnungen. ☆☆

Sultan
Podolské nábřeží 1, Podolí, Prag 4
✆ 244 466 465
www.sultan-prague.cz
Tägl. 11.30–24 Uhr
Straßenbahn 3 und 17: Dvorce
Das Sultan ist ein bewährtes libanesisches Restaurant in der Nähe des Prager Schwimmbades an der Moldau. Wie bei den Libanesen üblich, sind die Vorspeisen eine wahre Delikatesse; manche Genießer ziehen sie den Hauptgerichten vor.

Am Abend gibt es Live-Musik, die schon recht orientalisch klingt; gelegentlich tritt eine Bauchtänzerin auf. Ein kleiner Raum kann für Feierlichkeiten (bis zu 40 Personen) gemietet werden. Je später der Abend, desto mehr tanzen die Gäste förmlich auf den Tischen. Ein Erlebnis! ☆☆☆

Service: Bierkneipen/Cafés/Teestuben

Ein Hauch von Bayern in Prag: Biergarten des »U Flekū«

U sedmi Švábu (Bei den sieben Schwaben)
Jánský vršek 14, Malá Strana
℡ 257 531 455
www.viacarolina.cz
Tägl. 11–23 Uhr
Straßenbahn 22: Pohořelec
Mittelalterliche Taverne von Prag direkt unterhalb der Burg. Die Gerichte werden nach überlieferten Rezepten zubereitet und von entsprechend gekleideter Bedienung serviert. Auf zwei Etagen können Schweinefleisch mit Brot und Speck und andere schmackhafte Leckerbissen zu authentischer Musik genossen werden. Die Folterkammer dient den nicht zahlenden Gästen. ☆

Bierkneipen *(pivnice):*

Bier *(pivo)* wird in Prag eigentlich immer getrunken – in manchen Kneipen schon am Vormittag. Für die Prager ist bei der Wahl des Lokals nicht unbedingt das Ambiente, sondern vielmehr die Qualität des dort ausgeschenkten Bieres ausschlaggebend. Man unterscheidet helles *(světlé)* und dunkles *(černé, tmavé)* Bier.

Service: Bierkneipen/Cafés/Teestuben

Besonders interessant, aber selten, ist Geschnittenes (řezané): halb hell, halb dunkel. Die Gradangaben beziehen sich nicht auf den Alkoholgehalt, sondern auf den Anteil der Stammwürze. Das leichte Schankbier (10°) hat drei bis vier Prozent Alkohol, das Lagerbier (12°) fünf Prozent.

Die schweren Sorten (13°) sind mit den deutschen Bockbieren vergleichbar. Die berühmtesten Biere sind das würzige Pilsner Urquell (Plzeňský Prazdroj), das spritzige Budweiser (Budvar) und das süffige Radegast.

U Flekû (Beim Fleck)
Křemencova 11, Nové Město
✆ 224 934 019
www.ufleku.cz
Tägl. 9–23 Uhr
Metro B: Karlovo náměstí
Berühmteste und älteste Prager Bierstube von 1499. Das hausgebraute dunkle Bier schmeckt nach Karamell und hat 13° Stammwürze. Am schönsten ist es draußen im Biergarten, innen erinnert es mehr an Bayern als an Prag. Sehr touristische Preise (Abb. S. 68). ☆☆

F6

U Jindřišské věže (Zum Heinrichsturm)
Jindřišská 26, Nové Město
✆ 224 230 226
Mo–Fr 10–23, Sa/So 11–23 Uhr
Metro A, B: Můstek
Der »Heinrichsturm« ist der beste Beweis für die lebendige Bierkneipenkultur. Sehr sauber, wohnlich mit interessanten Bildern eingerichtet, günstige Küche zu hellem und dunklem Radegast (Abb. unten). ☆

E7

Gepflegte Bierstube »Zum Heinrichsturm«

Service: Restaurants/Bierkneipen/Cafés/Teestuben

U zlatého tygra (Zum goldenen Tiger)
Husova 17, Staré Město
✆ 222 221 111
Tägl. 15–23 Uhr
Metro A: Staroměstská
Der Tiger war die Stammkneipe des 1997 verstorbenen Schriftstellers Bohumil Hrabal. Übrigens: Die Stühle, die mit der Lehne an die massiven Holztische gekippt sind, sind für die Stammgäste reserviert! ☆

U zeleného stromu (Zum grünen Baum)
Betlémské náměstí 6, Staré Město
✆ 222 220 228
www.pivniceuzelenehostromu.cz
Tägl. 11.30–24 Uhr
Metro B: Národní třída
Eine der neueren Prager Bierstuben bietet alles, was die Knödelburgen ausmacht: von der Kuttelflecksuppe über die »Ertrunkenen« bis zu günstiger Svíčková, dazu gibt's bestes Pilsner Urquell vom Fass. ☆

Cafés *(kavárny)* **und Teestuben** *(čajovny):*

Barock
Pařížská 24, Josefov
✆ 222 329 221
Mo–Do 8.30–1, Fr 8.30–2, Sa 10–2, So 10–1 Uhr
Metro A: Staroměstská
Es gibt wohl kaum einen Ort in Prag, wo es sich gleichzeitig so gut frühstücken, sehen und gesehen werden lässt wie im Barock. Am besten ist es, wenn man bei gutem Wetter draußen sitzen kann. ☆☆☆

Café de Paris (im Hotel Paříž)
U Obecního domu 1, Staré Město
✆ 222 195 816, www.hotel-pariz.cz
Tägl. 10–22 Uhr
Metro B: Náměstí Republiky
Besonders für diejenigen, die einen guten Kaffee im feinsten Jugendstilambiente genießen wollen. ☆☆☆

Dobrá čajovna (Gute Teestube)
Václavské náměstí 14, Nové Město
✆ 224 231 480
Mo–Sa 10–21.30, So 15–21.30 Uhr
www.cajovna.com
Metro A, B: Můstek
Teestuben sind in Prag recht versteckt. So auch diese in einem Hinterhof des Wenzelsplatzes. Die Teestuben vermitteln nicht nur eine einmalige Atmosphäre, es riecht auch angenehm. Eine Wasserpfeife hat schon etwas für sich. Hier sollte man auf jeden Fall das Handy ausschalten, denn eine Teestube verspricht meditative Ruhe, mit nur leichter Musikuntermalung. ☆

SERVICE: RESTAURANTS/BIERKNEIPEN/CAFÉS/TEESTUBEN

Dolce Vita
Široká 15, Josefov
℡ 222 329 192
Tägl. 8–24 Uhr
Metro A: Staroměstská
Ein Hauch von Italien mit echtem Cappuccino und Gebäck. Diese Art von Lässigkeit passt zu der Lage nahe der Pariser Straße. ☆☆

D6

Obecní dům (Gemeindehaus)
Náměstí Republiky 5
℡ 222 002 763
www.vysehrad2000.cz/obecnidum
Tägl. 7.30–23 Uhr
Metro B: Náměstí Republiky
Für viele *das* Café schlechthin! Nach der kompletten Restaurierung von 1997 ist das traditionelle Jugendstilcafé noch schöner und sucht seinesgleichen. ☆☆

E7

Slavia
Smetanovo nábřeží 2, Staré Město
℡ 224 218 493
www.cafeslavia.cz
Tägl. 8–23 Uhr
Metro B: Národní třída
Berühmtes Literatencafé der 1930er Jahre, in dem einst der Untergrund tagte. Seit der Wiedereröffnung 1997 merkt man zwar nichts mehr von seiner ehemals verräucherten Atmosphäre, doch bietet es guten Kaffee und günstige kleine Leckereien sowie die Möglichkeit, den Tag einfach mal anzuhalten, eine Zeitung zu lesen und zu relaxen. ☆

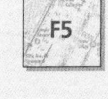

F5

Velryba (Walfisch)
Opatovická 24, Nové Město
℡ 224 933 591
Tägl. 11–24 Uhr
Metro B: Národní třída
Im »Walfisch« beim Nationaltheater treffen sich vor allem Studenten. ☆

F6

Internet-Cafés:

In den letzten Jahren wurde eine ganze Reihe von Internet-Cafés eröffnet, sogar manche Restaurants stellen einen Computer mit (allerdings langsamem) Internet-Zugang zur Verfügung. Um sich in den tschechischen Seiten zurechtzufinden, kann man die lokale Suchmaschine www.seznam.cz »Verzeichnis« benutzen, die in ihrer Bedienung an »Yahoo« angelehnt ist. Hier eine kleine Auswahl von guten Internet-Cafés:

Káva káva káva
Národní 37, Staré Město

F6

SERVICE: CAFÉS/TEESTUBEN/SHOPPING

Internetcafés gibt's schon an jeder Ecke
☏ 224 228 862
www.kava-coffee.cz
Mo–Fr 7–21, Sa/So 9–21 Uhr
Metro A, B: Můstek
Etwas versteckt im Hinterhof, aber mit gutem Kaffee und Internet.

Spika
Dlážděná 4 (Nové Město)
☏ 224 211 521, www.netcafe.spika.cz
Tägl. 8–24 Uhr
Metro B: Náměstí Republiky
Zweistöckiges Café mit schnellen Rechnern und recht flinker Leitung in angenehmer Atmosphäre mit alten Öfen.

Shopping

Es gibt in der Tschechischen Republik keine starren Öffnungszeiten wie bei uns. In der Regel haben die meisten Läden unter der Woche von 9 bis 18 und am Samstag bis 13 Uhr geöffnet. Lebensmittelläden öffnen häufig bereits ab 6 und schließen samstags um 12 Uhr. Einige Kaufhäuser und Boutiquen im Zentrum sind auch am Sonntag geöffnet.

Antiquariate:

Antikvariát Kozáková
Myslíkova 10, Nové Město, Praha 2
☏ 224 917 862
www.antikvariat-ucebnice.cz
Mo–Fr 9–18, Sa 10–14 Uhr
Metro B: Karlovo náměstí
Gut sortiertes Buch-Antiquariat in den verwinkelten

Gassen der südlichen Neustadt mit Schwerpunkt auf technischer und wissenschaftlicher Literatur und Sprachen.

Antikvariát U Karlova mostu
Karlova 2, Staré Město
✆ 222 220 286
www.meissner.cz
Mo–Fr 10–18, Sa 11–16 Uhr
Metro A: Staroměstská
Prags bekanntestes Antiquariat, das schon vor der Revolution eine Fundgrube war, ist jetzt auf seltene Erstausgaben spezialisiert.

E5

Bücher:

Kanzelsberger
Václavské náměstí 4 und 42, Nové Město
✆ 224 219 214 und 224 217 335
www.dumknihy.cz
Nr. 4: tägl. 9–20, Nr. 42: Mo–Sa 8–20, So 9–20 Uhr
Metro A, B: Můstek
Zwei Buchhandlungen derselben Firma am Wenzelsplatz. Geführt wird eine große Auswahl sowohl an tschechischer Literatur für den Einheimischen als auch an Prag-Literatur in allen Weltsprachen für die Touristen.

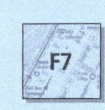

F7

V Ráji (Im Paradies)
Maiselova 12, Josefov
✆ 222 326 925
Tägl. 9–17 Uhr
Metro A: Staroměstská
Kleines, aber feines Buchgeschäft links neben der Maisel-Synagoge. Deren hervorragende eigene Bildbände über Prag sind zwar auch in anderen Buchhandlungen zu bekommen, doch nirgendwo so günstig wie hier. Dazu Kunstdrucke, Postkarten und Spezialliteratur über Prag, die Tschechen und das jüdische Viertel.

D6

Fassadendetail des Korunapalastes am Wenzelsplatz

Service: Shopping

Compact Discs:

Bontonland
Václavské náměstí 1, Nové Město
✆ 224 473 080
www.bontonland.cz
Mo–Sa 8–20, So 10–19 Uhr
Metro A, B: Můstek
Größter CD-Laden der Stadt im Untergeschoss der Koruna-Passage am »Goldenen Kreuz«. Bietet neben Pop, Rock und Klassik auch Videos, DVDs und Computerspiele an.

Musica Bona
www.musicabona.com
Professioneller Online-Shop für klassische Musik aus der tschechischen Republik mit umfangreichem Angebot.

Einkaufspassagen:

Černá růže (Schwarze Rose)
Na Příkopě 12, Nové Město
✆ 221 014 111
www.cernaruze.cz
Tägl. 7–22 Uhr

Lucerna-Passage von Großvater Havel

SERVICE: SHOPPING

Metro B: Náměstí Republiky
Erst vor kurzem aufwändig rekonstruierte Einkaufspassage mit vielen kleinen Läden, einem guten Bäcker und einigen Cafés.

Lucerna
Vodičkova 36/Štěpánská 61, Nové Město
℡ 224 216 972, www.lucerna.cz
24 h geöffnet
Metro A, B: Můstek

F7

Der Palast im Stil der Moderne wurde zwischen 1907 und 1920 vom Großvater Václav Havels erbaut und beherbergt das schönste der Prager Kinos, einen unterirdischen Saal für Konzerte und Bälle sowie einige interessante Geschäfte.

Vinohradský Pavilon (Weinberger Pavillon)
Vinohradská 50, Vinohrady, Praha 2
℡ 222 097 111
www.pavilon.cz
Mo–Sa 9.30–21, So 12–20 Uhr
Metro A: Náměstí Míru

G9

Klassische Markthalle vom Ende des 19. Jh., die erst 1995 wieder hergerichtet wurde. Hier liegt der Schwerpunkt auf exklusiven Modegeschäften.

Glas und Keramik:

Erpet
Staroměstské náměstí 27, Staré Město
℡ 224 229 755
www.erpet.cz
Tägl. 10–23 Uhr
Metro A: Staroměstská

E6

Sehr gute Qualität nicht nur bei den Waren, auch die Mehrsprachigkeit der Bedienung erfüllt die Wünsche selbst der fernöstlichen Gäste. Auf Wunsch wird sicher ins Hotel oder nach Hause geschickt.

Moser
Na Příkopě 12, Nové Město
℡ 224 211 293
www.moser-glass.com
Mo–Fr 9–20, Sa/So 10–18 Uhr
Metro A, B: Můstek

E6

Eine der führenden Glasfabriken der Welt. Was Meißen für Porzellan, ist Moser bei Kristallglas. Daraus trinkt auch die Queen!

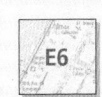

Kaufhäuser:

Kotva
Náměstí Republiky 8, Staré Město
℡ 224 801 111

D7

SERVICE: SHOPPING

www.od-kotva.cz
Mo–Fr 9–20, Sa 10–19, So 10–18 Uhr
Öffnungszeiten der Lebensmittel-Abteilung: Mo–Fr 7–20, Sa 8–19, So 10–20 Uhr
Metro B: Náměstí Republiky
Prags größtes Kaufhaus mit sechs Etagen zum Einkaufen und Bummeln sowie neun Etagen zum Parken.

Tesco
[F6]
Národní 26, Nové Město
☏ 222 003 111, www.tesco-shop.cz
Mo–Fr 8–21, Sa 8–20, So 10–20 Uhr
Öffnungszeiten der Lebensmittel-Abteilung:
Mo–Fr 7–22, Sa 8–20, So 9–20 Uhr
Metro B: Národní třída
Zweites großes Kaufhaus in Prag mit komplettem Angebot. Besonders der Supermarkt im Untergeschoss ist im Zentrum wohl zu schätzen.

Kleidung:

Delmas
[F7]
Vodičkova 36 (Nové Město)
☏ 224 239 132, www.delmas.cz
Mo–Fr 9.30–20, Sa 10–19.30, So 10–18 Uhr
Metro A, B: Můstek
Handtaschen, Lederwaren und Accessoires einheimischer und internationaler Marken.

Karpet
[F4]
Vítězná 14, Malá Strana, Praha 5
☏ 257 324 376, www.karpet.cz
Mo–Do 9–18.30, Fr 9–18, Sa 9–14 Uhr
Metro A: Malostranská
Hüte aller Art und Farbe in einem kleinen Lädchen auf der Nabelschnur der Kleinseite.

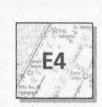

Mýrnyx Týrnyx
[E4]
Saská 3, Malá Strana
☏ 603 460 351, www.myrnyxtyrnyx.cz
Mo–Sa 11–19 Uhr
Metro A: Malostranská
Abgefahrene Boutique mit schriller Mode für die Jugend von heute.

Klara Nademlýnská
[D6]
Dlouhá 7, Staré Město
☏ 224 818 769
www.klaranademlynska.cz
Mo–Fr 10–19, Sa 11–18 Uhr
Metro A: Staroměstská
Eine der bekanntesten tschechischen Designerinnen verkauft hier klassische Kostüme und berät bei der Anfertigung exklusiver Abendkleider.

SERVICE: SHOPPING

Mitbringsel Nr. eins: Kristallglas

Prostějov
Vodičkova 33, Nové Město
℅ 221 615 152
Mo–Fr 9–19, Sa 10–14 Uhr
Metro A, B: Můstek
Der bekannte Traditionshersteller aus der gleichnamigen Stadt hat hochwertige und legere Mode für den Herrn im Angebot.

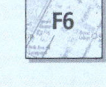

Lebensmittel, Delikatessen und Naturprodukte:

Botanicus
Týn 3, Staré Město
℅ 224 895 446
www.botanicus.cz
Tägl. 10–20 Uhr
Metro B: Náměstí Republiky
Expandierende Naturwarenkette, die zusätzlich auch Artikel wie Seifen in der tschechischen Provinz herstellt und in den Städten vertreibt. Schon allein der Geruch zieht die Schnuppernden in das Geschäft.

Country Life
Melantrichova 15, Staré Město
℅ 224 213 366
www.countrylife.cz
Mo–Do 8.30–19, Fr 8.30–15.30, So 11–18 Uhr
Metro A, B: Můstek
Selbstbedienungsladen mit frischen Brotsorten, Sojaprodukten, Naturprodukten und Getreide von der eigenen Biofarm im Böhmerwald.

SERVICE: SHOPPING

Fruits de France
[E7] Jindřišská 9, Nové Město
℡ 224 220 304, www.fdf.cz
Mo–Mi/Fr 9.30–18.30, Do 11.30–18.30, Sa 9.30–13 Uhr
Metro A, B: Můstek
Spezialisiert auf frisches Obst und Gemüse nicht nur aus Frankreich. Auch zahlreiche Köche von Hotels und Restaurants kaufen hier ein.

Uzeniny jidelna
[E6] Na Můstku 8, Staré Město
℡ 224 219 974
Mo–Fr 8–22, Sa 9–22, So 10–21 Uhr
Metro A, B: Můstek
Fleisch und Wurstwaren am Fuße des Wenzelsplatzes, gleichermaßen günstig wie lecker.

Musikinstrumente und Musikalien:

Dům hudebních nástrojů
[E6] (Haus der Musikinstrumente)
Jungmannovo náměstí 17, Nové Město
℡ 224 222 500, www.guitarpart.cz
Mo–Fr 9–19, Sa 10–15 Uhr
Metro A, B: Můstek
Zwischen Wenzelsplatz und Nationalstraße gelegenes Geschäft mit Musikinstrumenten aller Art. Durch die große Aufschrift vom Jungmannplatz aus nicht zu übersehen.

Ikônes
[E2] Pohořelec 9, Hradčany
℡ 220 514 287, www.antiques.cz
Tägl. 9–18 Uhr
Straßenbahn 22: Pohořelec
Besonders für den Geigenliebhaber interessantes kleines Geschäft hinter der Prager Burg.

Talacko hudebniny (Musikalien)
[D6] Rybná 29, Staré Město
℡ 224 813 039
www.talacko.cz
Mo–Fr 10–18, Sa 10–16 Uhr
Metro B: Náměstí Republiky
Noten und andere Musikalien in einem kleinen Laden hinter dem Kaufhaus Kotva.

Schuhe:

Baťa
[E6] Václavské náměstí 6, Nové Město
℡ 224 218 133
www.bata.cz
Mo–Fr 9–21, Sa 9–20, So 10–20 Uhr

Mitbringsel Nr. zwei: Marionetten

Metro A, B: Můstek
Weltberühmte und fast überall vertretene Schuhfabrik von Tomáš Baťa (sprich: Batcha), der von Kanada aus sein Imperium weltweit aufbaute. Im fünften Stockwerk europäische Schuhe verschiedener Marken.

Spielzeug und Marionetten:

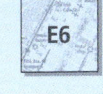

Fantazie
Rytířská 19, Staré Město
℡ 224 226 105
Tägl. 10–19 Uhr
Metro A, B: Můstek
Handgemachtes Holzspielzeug und Marionetten gehören zu den besonderen Mitbringseln aus Prag.

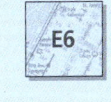

E6

Sparkys
Havířská 2, Staré Město
℡ 224 239 309
www.sparkys.cz
Mo–Sa 10–19, So 10–18 Uhr
Metro A, B: Můstek
Ein Paradies für Kinder! Moderner Spielwarenhändler auf mehreren Etagen.

E6

Verschiedenes:

Bríc à Brac
Týnská 7, Staré Město
℡ 222 326 484
Tägl. 11–19 Uhr
Metro B: Náměstí Republiky
Alles, was man bestimmt nicht braucht, ist bei diesem Trödelhändler zu finden. Mit weiterem Raum im Hinterhof.

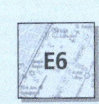

D6

Candle Gallery
Karlova 23, Staré Město
℡ 224 219 990
www.candle-gallery.com
Tägl. 10–20 Uhr

E6

Metro A, B: Můstek
Ein interessantes Geschäft nur mit Kerzen in den verschiedensten und unmöglichsten Formen. Die Schwersten unter ihnen wiegen einige Kilogramm. Bei den meisten sind Abbrennzeiten angegeben.

Styl
Vodičkova 10, Nové Město
✆ 222 231 630
Mo–Fr 10–18, Sa 10–13 Uhr
Metro B: Karlovo náměstí
Niedlicher Laden mit Geschenkideen, Teddybären und den Kleinigkeiten, die man den Lieben daheim ohnehin mitbringen möchte.

Sicherheit

Man kann sich in Prag sicher fühlen, obwohl Trickdiebstähle und das Entwenden von Autos die häufigsten kriminellen Delikte sind. Achten Sie also besonders an stark frequentierten Stellen wie am Wenzelsplatz, am Altstädter Ring oder auf der Karlsbrücke immer auf Ihre Wertsachen. Sollten Sie auf der Straße etwas kaufen wollen, so halten Sie vorher kleine Scheine parat und öffnen Sie nicht Ihre Geldbörse.

Ein hoher Unsicherheitsfaktor sind außerdem die Straßenbahnen und Metros. Passanten werden nicht selten abgelenkt und schon ist es geschehen. Bis Sie den Diebstahl bemerkt haben, sind die Täter längst verschwunden oder ausgestiegen. Geben Sie auch auf bettelnde Zigeunerkinder und -frauen Acht. Natürlich sollten Wertgegenstände weder in Handtaschen noch in Rucksäcken transportiert werden.

Parken Sie Ihren Wagen auf bewachten Parkplätzen und nehmen Sie alle wertvollen Dinge heraus.

Sightseeing

Evropská vodní doprava (EVD)
Na Františku, Staré Město
✆ 224 810 030, Fax 224 810 003
www.evd.cz
Metro B: Náměstí Republiky
Die Schiffe von EVD fahren ab der Čech-Brücke tägl. 10–18 Uhr. Es gibt eine einstündige Fahrt, zweistündige Touren mit Essen und Musik sowie längere Trips bis zur Talsperre nach Slapy.

Martin Tour
Štěpánská 61 (Lucerna-Passage), Nové Město
✆/Fax 224 212 473
www.martintour.cz

Metro A, B: Můstek
Professionelle Agentur mit vollem Service für Stadtbesichtigungen, Hotelbuchungen, Ausflüge und Eintrittskarten.

Daily Walks of Prague
Treffpunkt Altstädter Rathaus
Staroměstské náměstí 3, Staré Město
✆ 603 157 001, Fax 281 917 642
www.walks.cz
Metro A: Staroměstská
Wer Prag in kleineren Gruppen zu Fuß kennen lernen möchte, kann spontan an den Rundgängen der Daily Walks teilnehmen. Derzeit sind 9 Führungen in englisch und 7 in deutsch verfügbar, u.a. klassische Bereiche wie Prager Burg oder das jüdische Viertel, aber auch Mystisches Prag, Pub Tour, Kafka & Prag und das Jahrhundert der Revolutionen. Die Touren werden direkt am Treffpunkt gebucht und kosten je nach Länge 300 bis 500 Kč (Studentenermäßigung möglich). Broschüren mit Zeiten sind in Hotels und Informationsbüros erhältlich.

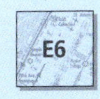

Strom

Das tschechische Stromnetz basiert auf einer Spannung von 220 Volt. **Eurostecker** passen auf jeden Fall, doch nicht immer der in Deutschland übliche **Schukostecker**. Aus der Steckdose kommt eine Mittelstange, die manch deutscher Stecker nicht aufnehmen kann. Auch die **Schweizerstecker** mit drei Stangen können nicht angeschlossen werden. Mit mitgebrachten **Adaptern** oder **Reisesteckern** lassen sich diese Probleme lösen. Diese sind jedoch in der Regel an Hotelrezeptionen nicht erhältlich.

Telefonieren

Karten für die gelben **Kartentelefone** sind in vielen Hotels, bei den Postämtern, einigen Tabakläden und den meisten Zeitungskiosken zu haben. Die **Münztelefone** funktionieren selten. Telefonieren vom Hotelzimmer oder von der Rezeption aus kann teuer werden.
Günstiger sind **Calling Cards**, die man entweder in Deutschland, in der Schweiz oder in Österreich bereits gekauft hat, oder die tschechische Version »Karta-X«, die leider noch nicht überall erhältlich ist. Diese Calling Cards sind entweder Guthabenkarten oder korrespondieren mit der heimischen Telefonabrechnung. In jedem Fall ist eine kostenlose Zugangsnummer zu wählen, über die das Gespräch zustande kommt. Nähere Infos unter ✆ 800 190 192.

Die **internationale Vorwahlkennziffer** nach Deutschland ist ✆ 00 49, in die Schweiz ✆ 00 41 und nach Österreich ✆ 00 43.

Die **Vorwahl** von diesen Ländern nach Tschechien ist ✆ 00 420. Die Orte Tschechiens haben seit September 2002 keine Vorwahlen mehr, alle Anschlüsse außer Sondernummern sind neunstellig. Vom Ausland ändert sich praktisch nichts, da die Null ohnehin immer weggelassen wurde.

Auslandsauskunft: ✆ 11 81, Auskünfte in Tschechien: ✆ 11 80, deutschsprachiger Operator: ✆ 13 30 05.

Tickets/Theater/Musik/Kino

Prag ist für seine Theateraufführungen und klassischen Konzerte berühmt. Aber auch die Jazz- und Pop-Szene ist bedeutend. Einige Festivals im Bereich des Jazz und Rock & Pop bieten hohes internationales Niveau, und die Megastars der Musikszene machen regelmäßig auch in Prag Station.

Eintrittskarten:

E6

Bohemia Ticket International
Malé náměstí 13, Staré Město
✆ 224 227 832, Fax 224 218 167
www.bohemiaticket.cz
Mo–Fr 9–17, Sa 9–13 Uhr
Metro A, B: Můstek

Freiluftoper »La Traviata« im Liechtenstein-Palais

Ticketpro (Zentrale)
Salvatorská 10, Staré Město
✆ 296 329 999, Fax 234 704 204
www.ticketpro.cz

D6

Service: Tickets/Theater/Musik/Kino

Mo–Fr 9–12.30 und 13–17.15 Uhr
Metro A, B: Můstek

Ticketpro (Altstädter Rathaus)
Staroměstské náměstí 3, Staré Město
✆ 224 223 613
Mo–Fr 9–18, Sa/So bis 17 Uhr
Metro A, B: Můstek

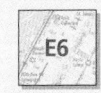

E6

Ticketpro (Rokoko-Passage)
Václavské náměstí 38, Nové Město
✆ 224 228 455
Mo–Fr 9.30–13.30 und 14–18 Uhr
Metro A, B: Můstek

F7

Klassisches Theater:

Musiktheater Karlín
(Hudební divadlo Karlín)
5. května 65, Nusle, Praha 4
✆ 261 174 400, Fax 261 176 887
www.hdkarlin.cz
Kartenverkauf: Mo–Sa 10–12.30 und 13–19 Uhr, Vorstellungen in der Regel um 19 Uhr
Metro C: Vyšehrad
Musical- und Operettenbühne mit kleineren Musicals als Hauptrepertoire. Wegen der Renovierung nach den Flutschäden 2002 für zwei Jahre von Karlin ins Kongresszentrum ausgegliedert.

D9

Nationales Marionettentheater
(Národní divadlo marionet)
Žatecká 1, Staré Město
✆ 224 819 323, Fax 224 819 324
www.mozart.cz
Kartenvorverkauf: Tägl. 10–20 Uhr, Vorstellungen um 20 Uhr
Metro A: Staroměstská
Beste Marionettenbühne Prags. Aufführungen in englischer, deutscher und italienischer Sprache.

E5

Nationaltheater
(Národní divadlo)
Národní 2, Nové Město
✆ 224 901 318, Fax 224 911 530
www.narodni-divadlo.cz
Kartenvorverkauf: Mo–Fr 10–18, Sa/So 10–12.30, 15–18 Uhr in der »Nova scéna« hinter dem Nationaltheater, Vorstellungen meist um 19 Uhr
Metro B: Národní třída
Die »goldene Kuppel über der Moldau« im Stil der Neorenaissance ist zweifelsohne eines der schönsten Theatergebäude Europas. Es wurde mit Hilfe von Spendengeldern der Bevölkerung gebaut und 1883 mit Sme-

F5

tanas Oper »Libussa« eingeweiht. Der Vorhang trägt die stolze Inschrift »Dem Volk selbst«.

F8

Staatsoper Prag
(Státní opera Praha)
Wilsonova 4, Nové Město
✆ 224 227 266, Fax 224 212 243
www.opera.cz
Kartenvorverkauf: Mo–Fr 10–17.30, Sa/So 10–12 und 13–17.30 Uhr, Vorstellungen meist um 19 Uhr
Metro A, C: Muzeum
Eines der schönsten Opernhäuser Europas mit Standardprogramm von Aida bis Schwanensee.

E6

Ständetheater
(Stavovské divadlo)
Ovocný trh 1, Staré Město
✆ 224 901 318, Fax 224 911 530
www.narodni-divadlo.cz
Kartenvorverkauf: Mo–Fr 10–18, Sa/So 10–12.30, 15–18 Uhr, Vorstellungen in der Regel um 19 Uhr
Metro A, B: Můstek

Foyer im Nationaltheater

SERVICE: TICKETS/THEATER/MUSIK/KINO

Hier wurde Mozarts »Don Giovanni« uraufgeführt, und es war Kulisse für Miloš Formans Film »Amadeus«.

Klassische Konzerte:

Gemeindehaus (Obecní dům)
Náměstí Republiky 5, Staré Město
☎ 222 002 336, Fax 222 322 501
www.fok.cz
Kartenvorverkauf: Mo–Fr 10–18 Uhr, Konzerte meist um 19.30 Uhr
Metro B: Náměstí Republiky
Im Smetana-Saal des Gemeindehauses spielt das Symphonieorchester der Hauptstadt Prag. In diesem größten Konzertsaal des Landes findet auch die Eröffnung des Musikfestivals »Prager Frühling« statt.

Rudolfinum
Alšovo nábřeží 12, Staré Město
☎ 227 059 392, Fax 227 059 291
www.rudolfinum.cz
Kartenverkauf: Mo–Fr 10–18 Uhr sowie Sa/So eine Stunde vor Konzertbeginn, Konzerte in der Regel um 19.30 Uhr
Metro A: Staroměstská
Das Rudolfinum oder auch »Haus der Künstler« ist Sitz der Tschechischen Philharmonie. Mozart gehört zum Standardprogramm. Interessant sind hier die Debüts junger Musiker. Auf der Moldauseite des Gebäudes nettes Café, in dem die Zeit still zu stehen scheint.

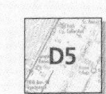

Schwarzlichttheater und Laterna magika:

Divadlo Metro
Národní 25, Metro-Passage, Staré Město
☎ 221 085 276, Fax 221 085 287
www.blacktheatreprague.cz
Kartenvorverkauf: Mo–Sa 16–20.30, Vorstellungen um 20 Uhr
Metro B: Národní třída
Als einziges Theater seiner Art mit Patent zeigt es eine Kombination von schwarzem Licht, farbigen Effekten und zeitkritischer Pantomime auf nagelneuer Bühne.

Laterna magika
Národní 4, Nové Město
☎ 224 931 482, Fax 222 222 039
www.laterna.cz
Kartenvorverkauf: Mo–Sa 10–20 Uhr, Vorstellungen um 20, Sa/So auch um 17 Uhr
Metro B: Národní třída
Bei der Weltausstellung 1958 in Brüssel wurde diese einmalige Kombination aus Musik, bewegten Bildern und Theater erstmals gezeigt. Seit 1983 residiert die Later-

SERVICE: TICKETS/THEATER/MUSIK/KINO

Die einmalige Laterna magika mit ihrer Version der »Zauberflöte«

na magika in der »Neuen Szene« neben dem Nationaltheater. Der witzige »Zauberzirkus« begeistert seit 20 Jahren, empfehlenswert ist vor allem »Odysseus«. Sehr häufig ausverkauft, von daher am besten vorher schon buchen.

Ta Fantastika
Karlova 8, Staré Město
℡ 222 221 369, Fax 222 220 389
www.tafantastika.cz
Kartenvorverkauf: tägl. 11–21 Uhr, Vorstellungen um 21.30 Uhr
Metro A: Staroměstská
In diesem kleinen Theater wird fast täglich »Aspects of Alice« nach dem bekannten Buch »Alice im Wunderland« als eines der schönsten und lieblichsten Stücke des schwarzen Theaters aufgeführt. Im Theater sind um 18 Uhr häufig auch Musicals zu sehen: Mehr als 2 Jahre lang lief der »Rattenfänger«, z. Zt. »Johanka z Arku«, ein tschechisches Musical nach der Figur der Johanna von Orléans mit Starbesetzung.

Kinos:

Kino macht in Prag auch Touristen Spaß: Viele Filme laufen in der Originalsprache und sind höchstens tschechisch untertitelt.

Service: Tickets/Theater/Musik/Kino/Trinkgeld/Verkehrsmittel

Evald
Národní 28, Nové Město
☏ 221 105 225
www.cinemart.cz
Das kleine Programmkino mit angenehmer Atmosphäre zeigt anspruchsvolle Filme und bietet ein sehr günstiges und gutes Restaurant.

Lucerna
Vodičkova 26 (Lucerna-Passage), Nové Město
☏ 224 216 972, www.lucerna.cz, www.lucerna.cz
Jugendstilkino im Palast von Vater und Großvater Havel, vorwiegend Auslandsproduktionen mit Untertiteln.

Trinkgeld

Die Preise der Speisekarten sind Inklusivpreise, beinhalten also neben der Mehrwertsteuer auch den Service. Trotzdem kann man bei Zufriedenheit den Betrag um bis zu 10 % aufrunden. Die Kellner erwarten meist, dass an einem Tisch zusammen abkassiert wird. Vorsicht ist bei allzu touristischen Restaurants geboten, weil auf die Rechnung häufig ein Servicebetrag von 15 % (oder mehr!) aufgeschlagen wird, obwohl dies nicht in der Karte vermerkt ist. Ein Gespräch mit dem Oberkellner befreit im Regelfall davon. Bei Taxifahrern ist es eine Frage des Service. Den Friseuren und örtlichen Reiseleitern gibt man gerne einen kleinen Obolus.

Verkehrsmittel

Bus, Bahn und Metro:

Es gibt 32 Straßenbahn-, drei Metro- und 208 Buslinien. Sie fahren von 5–24 Uhr. Ab Mitternacht gibt es **Sonderlinien** (Nachtbusse haben die Nummern 501 bis 512, Nachtbahnen von 51 bis 58).

Fahrkarten werden in Tabakläden, in den Infostellen der öffentlichen Verkehrsbetriebe und in den meisten Hotels verkauft. In den Metrostationen stehen Fahrkartenautomaten, im Bus ist es etwas teurer. Das Ticket muss vor der Fahrt entwertet werden.

In allen Verkehrsmitteln kann man mit der Umsteigekarte zu 12 Kč 60 Minuten im gesamten Netz fahren und umsteigen, nach 18 Uhr sowie am Wochenende sogar 90 Minuten. Die Kurzstreckenkarte zu 8 Kč für 15 Minuten oder maximal 4 Metrostationen lässt das Umsteigen nicht zu. Schwarzfahren kostet 800 Kč.

Nicht immer lohnenswert, weil man sowieso viel zu Fuß geht, sind die Tageskarten. Die 24-Stunden-Karte gibt es für 70 Kč, das 3-Tage-Ticket kostet 200 Kč, das 7-Tage-Ticket 250 Kč.

Service: Verkehrsmittel

Tipp: Die Fahrt mit der Straßenbahnlinie 22 ist eine kleine Stadtrundreise. Sie führt am Platz des Friedens, am Karlsplatz, am Nationaltheater und an der Prager Burg vorbei.

Informationsstelle der öffentlichen Verkehrsbetriebe (die Mitarbeiter sprechen deutsch und/oder englisch): Metrostationen Muzeum (Linien A/C, ✆ 222 623 777, tägl. 7–21 Uhr) und Můstek (Linie B, Aufgang zum Jungmannovo náměstí, ✆ 222 646 350, jeweils Mo–Fr 7–18 Uhr).

Infos auch unter www.dpp.cz. Informationen zu Reisebussen erhält man telefonisch unter ✆ 129 99 sowie unter www.vlak-bus.cz und www.jizdnirady.cz.

Leihwagen:

Mit den Fahrzeugen der bei uns bekannten Vermieter darf man zwar nicht nach Osteuropa fahren, aber dort gibt es dieselben Firmen auch. Ren Auto hat dagegen auch günstigere Škoda zu vermieten.

D6

Europcar
Pařížská 28, Josefov
✆ 224 811 290, Fax 224 810 039
www.europcar.cz
Tägl. 8–20 Uhr

Vorsicht! Die Rolltreppen der Metro sind schnell

Hertz
Karlovo náměstí 28, Nové Město, Praha 2
✆ 222 231 010, Fax 222 231 015
www.hertz.cz
Tägl. 8–20 Uhr

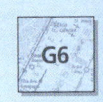

G6

Service: Verkehrsmittel

Central Rent a Car
Na Příkopě 12, Nové Město
✆ 222 245 905
Fax 222 245 905
www.rentcentral.cz
Tägl. 9–20 Uhr

Tankstellen:

Inzwischen verkauft jede Tankstelle bleifreies Benzin und Diesel *(Nafta),* jedoch nicht mehr so häufig verbleiten Kraftstoff für ältere Modelle. Relativ zentrale Tankstelle mit 24-Stunden-Service:

Benzina
Argentinská 1–2, Holešovice, Praha 7
✆ 266 712 637

Parkhäuser:

Das wilde Parken ist im Zentrum außer an wenigen Parkuhren nicht möglich, weil die spärlichen Plätze für die Anwohner reserviert sind. Deshalb sollte man eines der folgenden Parkhäuser aufsuchen, die außerdem sicherer sind:

U Divadla (neben der Staatsoper)
Nové Město

Králodvorská (unter dem Kaufhaus Kotva)
Staré Město

Náměstí Jana Palacha (hinter dem Rudolfinum)
Staré Město

Taxi:

Taxifahren ist in Prag fast noch preiswert. Bei Taxis, die man vom Straßenrand aus ruft, kostet die Fahrt pro Kilometer 22 Kč plus 30 Kč Grundgebühr. Hotel-Taxis berechnen häufig mehr. Achtung: Einige Fahrer stellen das Taxameter nicht an und verlangen später einen (meist überhöhten) Pauschalpreis.

Taxistände sollte man meiden und lieber in gewünschter Richtung fahrende Wagen anhalten. Besonders an den touristischen Ballungszentren sind die stehenden Taxis teuer.

Es gibt einige ehrliche Taxiverbände, bei denen die Preise garantiert werden. Ausländern wird eine **Taxi-Bestellung** dadurch erleichtert, dass man in der Zentrale deutsch und englisch spricht. Deren Rufnummern:
Radiotaxi AAA ✆ 140 14, www.aaataxi.cz
Taxi Praha ✆ 222 111 000, www.taxipraha.cz

7 SPRACHFÜHRER

Englisch ist vor allem bei den Jüngeren Fremdsprache Nummer eins. Mehr und mehr tschechische Schüler lernen auch Deutsch. Trotzdem ist es nützlich, einige tschechische Begriffe zu wissen. Touristen sollten vor allem die Übersetzung der typischsten Speisen und Getränke kennen – in den gemütlichen kleinen Kneipen, in denen es meist sehr gutes Essen gibt, ist die Karte oft nur einsprachig.

Einige Tipps zur Aussprache: Die **Betonung** liegt immer auf der ersten Silbe. Normale Vokale werden kurz ausgesprochen, Vokale mit Akzent gedehnt. Einige Buchstaben gibt es im Deutschen nicht oder sind unterschiedlich: Das »ch« ist übrigens ein eigener Buchstabe und steht in Buchregistern, Stadtplänen und dieser Auflistung zwischen »h« und »i«.

c	tz wie Ka**tz**e
č	tsch wie Ku**tsch**e
e	ä wie K**ä**se
ě	jä wie **jä**h
ch	ch wie fla**ch**
ň	Kombination aus **n** und **j**
ř	Kombination aus rollendem r und weichem **sch**
s	stimmloses s wie Flu**s**s
š	sch wie Ta**sch**e
ť	t und j wie **tj**a
ú	langes u wie R**u**f
v	w wie **W**ald
z	stimmhaftes s wie Mei**s**e
z	am Wortende ss wie na**ss**
ž	stimmhaftes sch wie **J**ournal

Alltag/Umgangsformen

Dobré jitro, dobré ráno	Guten Morgen
Dobrý den	Guten Tag
Dobrý večer	Guten Abend
Na shledanou	Auf Wiedersehen
Ahoj!	Hallo/Tschüss!
ano	ja
ne	nein
děkuji	danke
prosím	bitte
promiňte	Verzeihung!
zaplatit, prosím	bezahlen, bitte

Speisen

chléb	Brot

Täglicher Markt in der Havelská

máslo	Butter
sýr	Käse
vajíčko	Ei
sendvič	Sandwich
hemenex	Ham and eggs
hořčice	Senf
kečup	Ketchup
cukr	Zucker
pepř	Pfeffer
sůl	Salz
polévka	Suppe
bramboračka	Kartoffelsuppe
dršťková	Kuttelflecksuppe
gulášová	Gulaschsuppe
maso	Fleisch
vepřo-knedlo-zelo	Schweinebraten
řízek	Schnitzel
sekaná	Hackbraten
svíčková	Lendenbraten
uzené maso	Selchfleisch
guláš	Gulasch
klobása	Bratwurst
pražská šunka	Prager Schinken (gekocht)
utopenec	Ertrunkener (Wurst mit Zwiebeln)
ryba	Fisch
kapr	Karpfen
kuře	Huhn
smažený	paniert
knedlíky	Knödel
omáčka	Soße
tatářská omáčka	Tatarsoße
chřest	Spargel

SPRACHFÜHRER: SPEISEN/GETRÄNKE/AUFSCHRIFTEN

salát	Salat
šopský salát	Gurken, Tomaten, Schafkäse
buchtičky	Buchteln (Mehlspeisendessert)
livance	Liwanzen (Mehlspeisendessert)
palačinky	Palatschinken (Pfannkuchen)
jablečni závin	Apfelstrudel
koblia	Berliner
zmrzlina	Speiseeis

Getränke

káva	Kaffee
vídenská káva	Wiener Kaffee (mit Schlagsahne)
čaj	Tee
mléko	Milch
džus	Saft
minerální voda	Mineralwasser
neperlivá	ohne Kohlensäure
perlivá	mit Kohlensäure
šampaňské	Sekt
víno	Wein
bílé víno	Weißwein
červené víno	Rotwein
frankovka	berühmte Rotweinsorte
pivo	Bier
řezané pivo	geschnittenes Bier (halb/halb)
světlé pivo	helles Bier
tmavé pivo	dunkles Bier
slivovice	Pflaumenschnaps
likér	Likör
Becherovka	Kräuterlikör
beton	Becherovka mit Tonic
na zdraví!	zum Wohl!

Aufschriften

hasiči	Feuerwehr
policie	Polizei
hranice	Grenze
pozor	Achtung
zavřeno	geschlossen
otevřeno	geöffnet
zakázaný	verboten
lékárna	Apotheke
kadeřnictvi	Friseur
knihkupectvi	Buchhandlung
květiny	Blumen
pošta	Post
restaurace	Restaurant
vinárna	Weinstube

SPRACHFÜHRER: AUFSCHRIFTEN/VERKEHRSMITTEL

hospoda	Wirtshaus
pivnice	Bierstube
kuřáci	Raucher
nekuřáci	Nichtraucher
toalety, záchody	Toiletten
muži	WC (Herren)
ženy	WC (Damen)
děti	Kinder

Verkehrsmittel

autobus	Reisebus
letadlo	Flugzeug
loď	Schiff
metro	Untergrundbahn
tramvaj	Straßenbahn
vlak	Zug
mhd	ÖPNV
letiště	Flughafen
nádraží	Bahnhof
jízdenky	Fahrkarten, Billets
kolej	Gleis
nástup	Einstieg
výstup	Ausstieg
přestup	Umstieg
směr	Richtung
vchod	Eingang
východ	Ausgang

Szenetreff »Radost FX«, Bělehradská 120, ☏ 224 254 776, www.radostfx.cz

REGISTER

Die **fetten** Seitenzahlen verweisen auf ausführliche Erwähnungen, *kursiv* gesetzte Begriffe bzw. Seitenzahlen beziehen sich auf den Service.

Agnes-Kloster 24
Anežský klášter vgl. Agnes-Kloster
Alter Jüdischer Friedhof **14, 33**
Alt-Neu-Synagoge 34
Altstädter Brückenturm **34**, 37, 39
Altstädter Rathaus 13, **34 f.**
Altstädter Ring 13, 37, 39, 46, 49, *80*
Anreise 52 f.
Astronomische Uhr **13 f., 34 f.**
Auskunft 54 ff.

Bazilika a klášter sv. Jiří vgl. St.-Georgs-Basilika
Belvedere vgl. Königl. Lustschloss Belvedere
Bethlehems-Kapelle **36**
Betlémská kaple vgl. Bethlehems-Kapelle
Bierkneipen 68 ff.
Bílkova vila vgl. Villa Bílek
Böhmisches Paradies 22
Buquoyský palác vgl. Palais Buquoy
Burg Karlstein 20
Burgviertel 6, 8, **16 f., 30 ff.**

Cafés und Teestuben 70 f.
Černínský palác vgl. Palais Czernin
Český Krumlov 22
Český Sternberk vgl. Sternberg
Chrám sv. Mikuláše na Malé Straně vgl. St.-Nikolaus-Dom

Diplomatische Vertretungen 54 f.
Dobříš vgl. Schloss Dobříš
Dorotheum 58
Dům u kamenného zvonu vgl. Haus zur Steinernen Glocke
Dvořák-Museum **25**

Eidovské muzeum v Praze vgl. Jüdisches Musem

Fernsehturm vgl. TV Tower
Feiertage/Feste 57
Festung Křivoklát 21
Františkánská zahrada vgl. Franziskanergarten
Franziskanergarten **36**
Frauenberg vgl. Hluboká
Fremdenverkehrsbüros 54

Galerien 57 f.
Gedenkstätte Theresienstadt vgl. Theresienstadt
Geld/Devisen 58
Gemeindehaus **36 f.**
Goldenes Gässchen 7, **17, 30 f.**

Hanauer Pavillon **37**
Hanavský pavilon vgl. Hanauer Pavillon
Haus zur Steinernen Glocke **37**
Heilig-Kreuz-Kapelle 16
Hinweise für Behinderte 59
Hluboká 20
Hotel Evropa **11**
Hradschin vgl. Burgviertel

Internet-Cafés 71 f.

Jan-Hus-Denkmal 13
Josefov vgl. Jüdisches Viertel
Jüdisches Museum **33**
Jüdisches Viertel **14, 32 ff.**

Kafka 17, 31, *81*
Kaisergrabmal 17
Karlův most vgl. Karlsbrücke
Karlsbad 23
Karlsbrücke 6, **14 f., 37 f.**
Karlstein vgl. Burg Karlstein
Karls-Universität **38 f.**
Karolinum vgl. Karls-Universität
Katedrála sv. Vita vgl. St.-Veits-Kathedrale
Kinos 86 f.
Kleinseitner Brückentürme **39**
Kleinseitner Ring **39**
Klementinum **39 f.**
Klima/Reisezeit 59
Königliches Lustschloss Belvedere **31 f.**
Königspalast 17
Koněprusy s. Tropfsteinhöhlen Koněprusy
Kostel sv. Mikuláše vgl. St.-Nikolaus-Kirche
Kostel Panny Marie Vítězné vgl. St. Maria de Victoria
Královský letohrádek belvedér vgl. Königliches Lustschloss Belvedere
Křivoklát vgl. Festung Křivoklát
Kronkammer 17
Kunstgewerbemuseum **25**
Kutná Hora **22 f.**

Lány vgl. Schloss Lány
Laterna magika 85 f.
Laurenziberg **19, 40**
Ledebour-Garten **40**
Ledeburská zahrada vgl. Ledebour-Garten
Lichtenštejnský palác vgl. Palais Liechtenstein
Lobkovický palác vgl. Palais Lobkowitz
Loreta vgl. Loreto-Heiligtum
Loreto-Heiligtum **25**

Register

Malostranské náměstí vgl. Kleinseitner Ring
Městská knihovna v Praze vgl. Städtische Bibliothek
Moldau **18 f.**
Morzinský palác vgl. Palais Morzin
Museum der Hauptstadt Prag **26**
Museen **24–29**
Muzeum Antonína Dvořáka vgl. Dvořák-Museum
Muzeum Bedřicha Smetany vgl. Smetana-Museum
Muzeum hlavního města Prahy vgl. Museum der Hauptstadt Prag

Nachtleben **59 ff.**
Národní muzeum vgl. Nationalmuseum
Národní technické muzeum vgl. Technisches Nationalmuseum
Nationalgalerie 24, 26, 32
Nationalmuseum **11 f.**, 26
Nationaltheater 83 f.
Neue Welt **40 f.**
Neustädter Rathaus 6, **42**
Nostický palác vgl. Palais Nostitz
Novoměstská radnice vgl. Neustädter Rathaus
Nový Svět vgl. Neue Welt

Obecní dům vgl. Gemeindehaus

Palais Buquoy **42**
Palais Czernin **42 f.**
Palais Liechtenstein **43 f.**
Palais Lobkowitz (Ausstellung) **32**
Palais Lobkowitz (Botschaft) **44**
Palais Morzin **44**
Palais Nostitz **45**
Palais Sternberg **26 f.**
Palais Waldstein **45**
Památník Terezín vgl. Theresienstadt
Petřín vgl. Laurenziberg
Pinkas-Synagoge **33 f.**
Pinkasova synagóga vgl. Pinkas-Synagoge
Post 63
Prager Burg vgl. Burgviertel
Prager Eiffelturm 40
Prager Jesulein 46
Prašná brána vgl. Pulverturm
Presse/Radio/TV 63
Pulverturm **45**

Rathaus vgl. Altstädter Rathaus
Restaurants 63 ff.
Rudolfinum 57, 85

Schatzkammer 16
Schloss Dobříš 21
Schloss Lány **20 f.**
Schloss Troja 19
Schwarzlichttheater 85 f.
Shopping 72 ff.
Sicherheit 80
Sightseeing 80 f.
Smetana-Museum 28
Sprachführer 90 ff.
St.-Georgs-Basilika 17, **32**
St. Maria de Victoria **45 f.**
St.-Nikolaus-Dom **46**
St.-Nikolaus-Kirche **46**
St.-Veits-Kathedrale **16**, **32**
Staatsoper 11, *84*
Städtische Bibliothek **28 f.**
Ständetheater 84
Staroměstská mostecká věž vgl. Altstädter Brückenturm
Starý židovský hřbitov vgl. Alter Jüdischer Friedhof
Sternberg 20
Šternberský palác vgl. Palais Sternberg
Strahov-Kloster (Strahovský klášter) **46 f.**
Strom 81

Tančící dům vgl. Tanzendes Haus
Tanzendes Haus **49**
Technisches Nationalmuseum 29
Telefonieren 81 f.
Televizní vysílač Praha vgl. TV-Tower
Teynhof **49 f.**
Teynkirche **50**
Theater/Musik 83 ff.
Theresienstadt **23**, **36**
Tickets 82 f.
Trinkgeld 87
Troja 19
Tropfsteinhöhlen Koněprusy 20
TV Tower **50**
Týnský chrám vgl. Teynkirche
Týnský dvůr vgl. Teynhof

Uměleckoprůmyslové muzeum vgl. Kunstgewerbemuseum

Valdštejnský palác vgl. Palais Waldstein
Verkehrsmittel 87 ff.
Villa Bílek **29**
Vrtbovská zahrada vgl. Wrtba-Garten

Waldstein-Garten vgl. Palais Waldstein
Wenzelskapelle 17
Wenzelsplatz 9, **11 ff.**, 26
Wichtige Rufnummern 56 f.
Wladislaw-Saal 17
Wrtba-Garten **50**

Zlatá ulička vgl. Goldenes Gässchen
Zoo 19

Bildnachweis

Klaus Acker, Köln: S. 50
Ralf Freyer, Freiburg i. Br.: Titelbild, S. 4/5, 11, 14, 15, 16, 17, 18, 27,
  28/29, 30/31, 35, 41, 43, 47, 48, 49, 51, 58, 60, 61, 65, 68, 69, 72, 73,
  74, 79 und Umschlagrückseite, 88, 93
Fulvio Zanettini/laif, Köln: Schmutztitel (S. 1), 2/3, 7, 10, 12/13, 19, 44,
  55, 77, 82, 91
Anna Neumann/laif, Köln: 21, 22, 38, 56, 86
János Kalmár, Wien: S. 8, 9, 52, 84

Titelbild: Abendstimmung auf der Karlsbrücke
Schmutztitel (S. 1): »Zu den drei Geiglein« – berühmtes Hauszeichen in der Kleinseite
Umschlagrückseite: Beliebtes Prag-Mitbringsel – Marionetten

Konzeption, Layout und Gestaltung dieser Publikation bilden eine Einheit, die eigens für die Buchreihe der **Go Vista City/Info Guides** entwickelt wurde. Sie unterliegt dem Schutz geistigen Eigentums und darf weder kopiert noch nachgeahmt werden.

© Vista Point Verlag, Köln
5., aktualisierte Auflage 2005
Alle Rechte vorbehalten
Reihenkonzeption: Horst Schmidt-Brümmer, Andreas Schulz
Lektorat: Kristina Linke, 5. Auflage: Eszter Kalmár
Layout und Herstellung: Kerstin Hülsebusch-Pfau, Andreas Schulz
Reproduktionen: Litho Köcher, Köln
Kartographie: Berndtson & Berndtson Productions GmbH, Fürstenfeldbruck
5VP/6D/2N/AK XCIV

Gedruckt auf chlorfrei gebleichtem Papier

Printed in Spain
ISBN 3-88973-674-2

An unsere Leserinnen und Leser!
Die Informationen dieses Buches wurden von den Autoren gewissenhaft recherchiert und von der Verlagsredaktion sorgfältig überprüft. Nichtsdestoweniger sind inhaltliche Fehler nicht immer zu vermeiden. Für Ihre Korrekturen und Ergänzungsvorschläge sind wir daher dankbar.

VISTA POINT VERLAG
Händelstr. 25–29 · 50674 Köln · Postfach 27 05 72 · 50511 Köln
Telefon: 02 21/92 16 13-0 · Telefax: 02 21/92 16 13 14
E-Mail: info@vistapoint.de · Internet: **www.vistapoint.de**